奇人問答

——『龐居士語録』を読む

則竹秀南

春秋社

靈雲本庵庫裡小書院改修落慶

美哉輪奐曉光殿
佛眼難窺慶沢関
欲得撐門幷拄派
丈夫赤脚上刀山

令和癸卯五歳清秋
八十六叟 秀南老人

はじめに

龐居士《ほうこじ》は諱《いみな》は蘊《うん》、字《あざな》は道玄《どうげん》、襄《じょう》陽の人である。唐の貞元《ていげん》の間に全財産を洞庭湖に溺《しず》めその後一生清貧に妻と一男一女の四人暮しで竹製品を作って生計を立てていた。唐の貞元禅宗盛んとなり居士は先ず石頭和尚に参じ更に馬祖禅師に見《まみ》え本心を印することになる。その後諸方を倫歴し至理に通ず。

居士は晩年死を迎えるに当り娘の霊照に云って「全ては縁により諸行無常の道理のまま自分は死を迎える。今日、正午になったら私に知らせてくれるかナ」。霊照は部屋を出るや即座に「父さん、今方《いままさ》に正午ですよ。しかも今日はなんと日蝕ですよ。よくご観《らん》なさい」と云った。それを聞いた居士は「本当かナ」と云うと、霊照は答えて、「本当ですよ、早くご観なさいよ」と。そこで居士は席を離れ窓ぎわに行って日蝕を見る。その瞬時の間に霊照は榻《とう》の上に坐り奄然《えんねん》として亡くなって了《しま》った。居士は日蝕を見て部屋に目をやると娘霊照が自分が坐っていたところで死んでいるので笑って「いやはや娘の奴なかなかすばしこい奴じゃ。自分が先に死のうと思っていたのに先に死んでしまった」と云い、薪をあつめて娘を荼毘《だび》にふした、初七日に太守の于公頔《うこうてき》が弔問に来た。居士は自分の手を于公の膝において「全てのものは空である。どうか実在すると思わないで下さい。全てのものは影や響のようなものだ」と云って居士も又永遠の旅へと出発した。良い香りが部屋に満ち満ちていた。亡きがらは荼毘にふして江湖に捨てて下さいとの遺言の通りに葬儀をすませて、妻にこの由を知らせると、妻はこれを聞いて「愚癡の娘と、無知の爺は私に知らせずして死んで了った。もうがまんが出来ない」と云って畑を耕している息子に「父さんと、霊照とが亡くなって了った」と報告すると、息子は持っていた鋤をはなして「嗄《さ》」と云い、しばらくして立ってそのまま立亡した。

妻はこれを見て「癡《おろか》」な息子と云って遺体を荼毘にふした。人々はなんと変った一族よとうわさした。その後妻は村の人々に別れを告げて姿をかくして了った。

このように居士はじめ一族が空に徹しきった生涯をすごした仏教信者であった。この

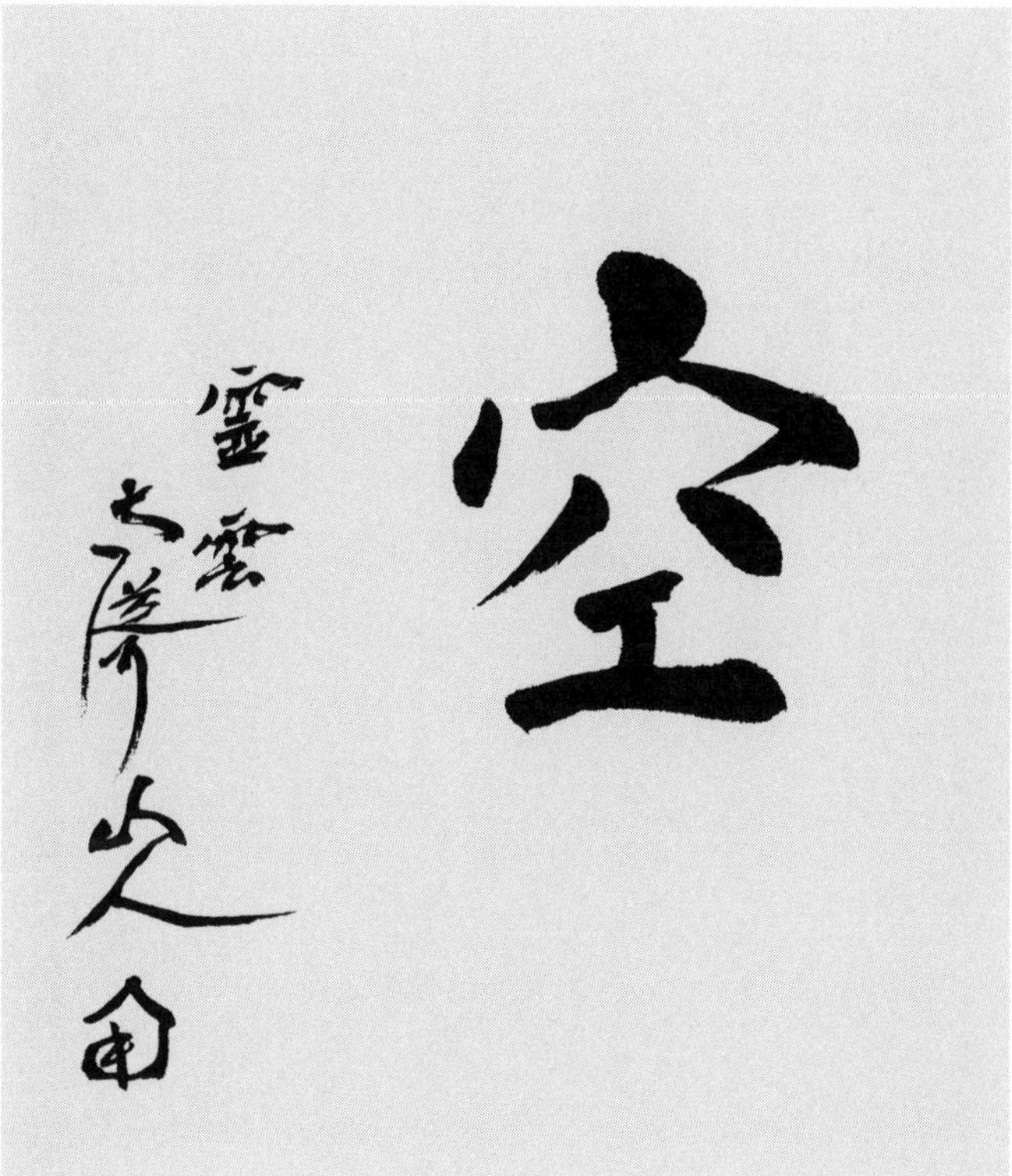
空
霊雲
大隠山人

居士と諸方の禅僧との問答を記したものが、この龐居士語録であります。

なお、原文と訓読は、入矢義高『禅の語録7　龐居士語録』（筑摩書房）より引用し、現代語訳に関しましても大いに参考にいたしました。

奇人問答——『龐居士語録』を読む　目次

奇人問答——『龐居士語録』を読む

繡戸香風暖妙窓曙色新

靈雲　石峰山人

2

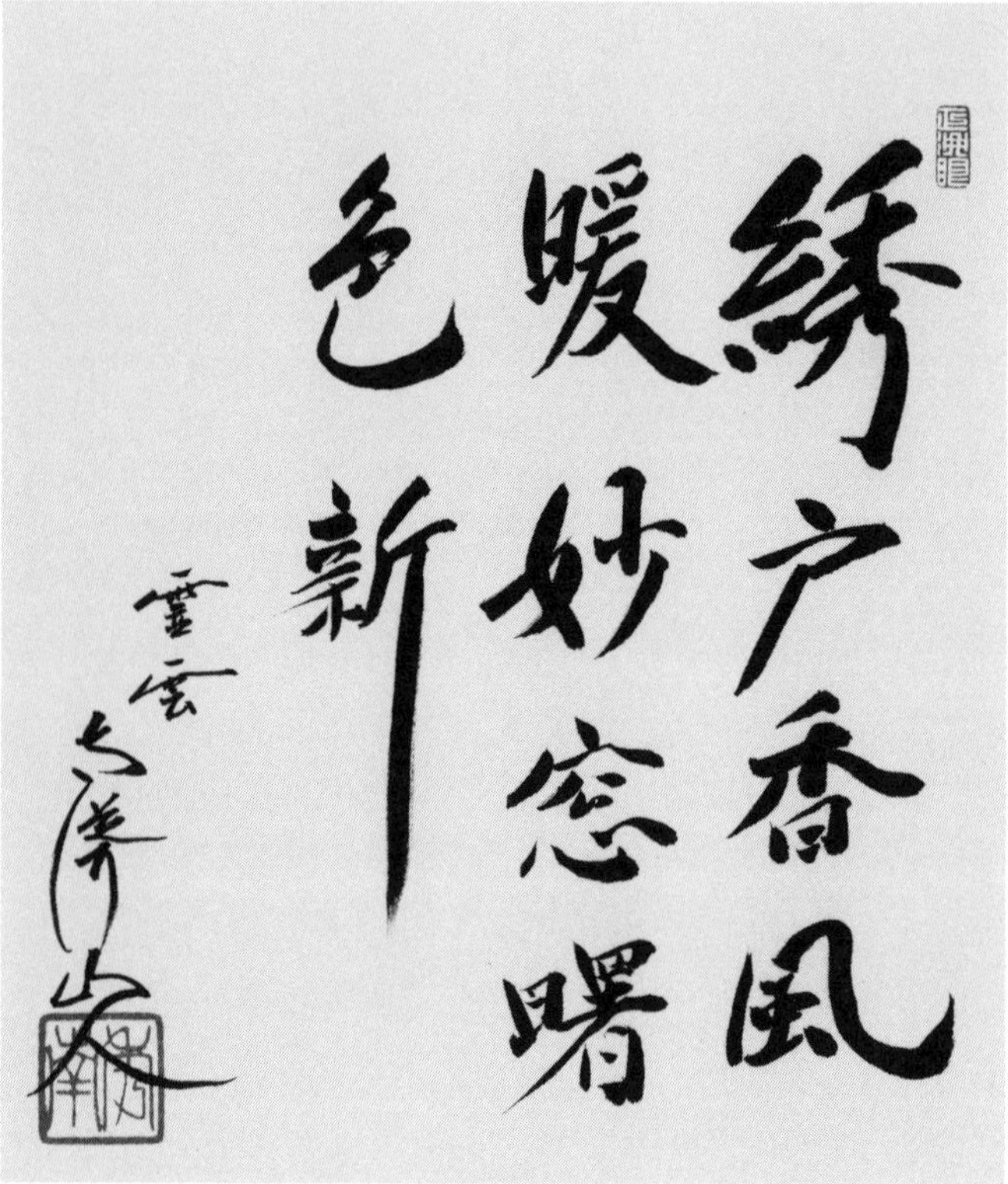

石頭《せきとう》和尚との問答

○一切の存在と関わらない者

襄州居士龐蘊、字道玄、衡州衡陽県人也。世本儒業。少悟塵労、志求真諦。唐貞元初、謁石頭禅師、乃問、不与万法為侶者、是甚麼人。頭以手掩其口。豁然有省。

襄州の居士龐蘊《ほううん》、字は道玄、衡州の衡陽県の人なり。世々儒業を本《もと》とす。少《わか》くして塵労を悟り、志して真諦を求む。唐の貞元《ていげん》の初め、石頭《せきとう》禅師に謁し、乃ち問う、「万法《まんぼう》と侶《とも》たらざる者、是れ甚麼人《なんぴと》ぞや」と。頭《とう》手を以って其の口を掩《おお》う。豁然《かつぜん》として省《さと》る有り。

襄《じょう》州の居士龐蘊は、あざなを道玄という。生れは衡州の衡陽県《こうようけん》である。家柄は先祖代々学者を出していた。彼は少年のころ他の若者と同じく、人生の荒波の中で「人間とは」と悩み、自問自答し真摯《しんし》な修行を積み重ねて真実の真理を求めた。その中で唐の貞元（七八五―八〇五）の年の初めに当時すでに高名な禅匠石頭希遷《せきとうきせん》（七〇〇―七九〇）禅師に相見《しょうけん》する機縁を得た。今までの苦悶をこの禅匠にぶちあてた。

「一切の存在と関わりをもたない者、それはどういう人でありましょうか。」

毎日人と人との関わり、出会いは続く。良い関わりもあれば悪い関わりもある。複雑怪奇な世の中である。自然又然りである。暑い暑いと叫び熱中症になる、かたや、大雨が続き、大洪水が起り家屋は流され家族は亡くなる。人間として生きていくには人と自然との関わりをなくすることは出来ない。しかしその間にあって種々な問題が起き、悩み苦しみは続く。もうこの世の中に生きることはコリゴリだと思い悩みます。お釈迦様は諸行無常《しょぎょうむじょう》と説かれました。全てのものは移りゆくのです。何がいつどこで起るか分りません。

そこでこの質問が出てきます。一切の存在と関わりをもたない、何ものにも左右されない、何が起っても動じない不動な存在でありたいのは人間の望むところでしょう。幾多の苦しみ悩みの中での居士の質問の意図が分ります。石頭禅師はそれに対して手でもって居士の口をふさいだのである。石頭は居士の口をふさぐことによって一切の存在から遮断を直示したのである。

居士はカラリと悟り、今までのモヤモヤがきれいに消え去った。一切の存在と関わりをもたない者、これは思いめぐらすことも、表現することも出来ないものであり、千人の仏様すらも識《し》らないものであり、ただ自分で自己の心の中に見出すしか方法はない。単刀直入に云えば自己を見つめて自己の安らぎを得ることである。諸行無常の世の中にあって正しく諸行無常を認識し、移ろいゆく世の中にとらわれない、一切の存在にとらわれない、大自然の中にあって大自然の流れにとらわれない人でありたい。

○日用即妙用

一日石頭問曰、子見老僧以来、日用事作麼生。士曰、若問日用事、即無開口処。頭曰、知子恁麼、方始問子。士乃呈偈曰、日用事無別、唯吾自偶諧。頭頭非取捨、処処没張乖。朱紫誰為号、丘山絶点埃。神通幷妙用、運水与搬柴。頭然之。曰、子以緇耶素耶。士曰、願従所慕。遂不剃染。

一日、石頭問うて曰く、「子《なんじ》老僧に見《あ》いて以来、日用の事作麼生《いかん》。」士曰く、「若し日用の事を問わるれば、即ち口を開くの処無し。」頭《とう》曰く、「子が恁麼《かく》なるを知って、方始《まさ》に子に問えるなり。」士乃ち偈《げ》を呈して曰く、「日用の事は別無し、唯《た》だ吾れ自ら偶《たまた》ま諧《かな》うのみ。頭頭取捨に非ず、処処張乖《ちょうかい》没《な》し。朱紫誰か号を為す、丘山点埃を絶す。神通《じんずう》幷《なら》びに妙用《みょうゆう》、水を運びまた柴《まき》を搬《はこ》ぶ。」頭《とう》之を然りとす。曰く、「子は緇《し》を以ってするや素〔を以ってする〕や。」士曰く、「願わくば慕うところに従わん。」遂に剃染《ていぜん》せず。

ある日、石頭が居士に尋ねた。「あなたは私に会ってから、日々仕事をしているのは一体どんなことなのか」。
居士は「日々の仕事とはと尋ねられましては口をあけて答えようもありません」。

7　石頭和尚との問答

現代人ならばあなたの一日の仕事はと問われれば、机に向って事務が主ですとか一日中野外の掃除あるいは家屋の掃除だとか、はっきりと仕事について答えるであろう。しかし、居士は「口をあけて答えようもありません」と。自ら何々をしたとか何をしているとか答えるのも可ではあるが、自分の行為を相手に云って自己主張すべきものではない。

仏法は「無我にて候《そうろう》」です。自我を捨てるところに真実の自己をはっきりと現出する。石頭は居士の真実の自己をはっきりと見とどけた。「あなたがそうなのを知ればこそ、こうして尋ねているのだよ」。そこで居士は一首呈《てい》して、

日々の仕事はどういうこともない。
ただ自《おのずか》らひょいと全てあるがままに進む。
何ひとつ選びもしないし、捨てもしない。
どこで何をしようともわざわいは起きない。
朱の衣、紫の衣の肩書の人々

ここ山中は塵一つないところ
わたしの神通力《じんずうりき》と妙用《みょうゆう》は何かと云えば
水を汲み薪《たきぎ》を運んでこれこれこの通りである。

一日を規則にのっとって行動仕事をするのではない、あるがままに手あたり次第に振るまっていて取捨選択造作をしない。信心銘《しんじんめい》の「至極の大道は何もむつかしいことはない。ただよりごのみをきらうだけだ」の言葉の実践である。よりごのみの世俗の生活ならばわざわいも起るが、よりごのみのないところにはわざわいはありません。

同じく仏教の世界でも朱の衣、紫の衣だと分別の多いことだが、ここわたしの世界では塵一つないカラッとした境地である。そして何もない、塵一つないところに働き出る神通力とか妙用は、雲の上を歩いたり、火の中を歩いたり水の中で息をとめておったり世間一般の人が不可能な不思議な行為ではなく、毎日飲む水、洗いものをする水を水場から桶《おけ》に入れて運ぶことであり、飯をたく材料の薪《まき》を風呂をわかす薪を山の中から運んでこられる、この自由自在な働きそのものである。これは居士の日常の営みつまり手を働かせ足を動かすのが仏の道であることを示したものである。仏法に不思議不可解秘密な行動なしです。

石頭はよしよしとうなずいた。そして「あなたは出家するのか、それとも在野の俗人として過すのか」と尋ねた。居士は答えて「好きな方にさせてもらいます」と、この様な次第で得度出家はせず、生涯妻と一男一女の四人暮しであった。

運水
搬柴
秀南

馬祖《ばそ》和尚との問答

○西江の水を一口で飲み切れ

居士後之江西、参馬祖大師。問曰、不与万法為侶者、是什麼人。祖曰、待汝一口吸尽西江水、即向汝道。士於言下頓領玄旨。遂呈偈、有心空及第之句。乃留駐参承二載、有偈曰、有男不婚、有女不嫁。大家団圞頭、共説無生話。

居士、後に江西に之《ゆ》き、馬祖大師に参ず。問うて曰く、「万法と侶《とも》たらざる者、是れ什麼人《なんぴと》ぞや。」祖曰く、「汝が一口に西江の水を吸い尽すを待って、即ち汝に向かって道《い》わん。」士、言下に頓《とみ》に玄旨を領す。遂に偈を呈す、「心空及第」の句有り。乃ち留駐《とどま》りて参承すること二載、偈有りて曰く、「男有り婚せず、女有り嫁せず。

大家《みな》団欒《だんらん》頭、共に無生の話《わ》を説く」と。

そののち、居士は江西に行って有名な馬祖道一《ばそどういつ》（七〇九―七八八）禅師にお会いし早速に質問をした。「一切の存在と関わりをもたない者は、どういう人でありましょうか」。馬祖は答える。「あなたが西江の水を一口で飲み切ったら、云うてやろう」と。

居士は言下に、はたとその奥深い真理を悟った。

この話は昔から特に有名であり、不可能を可能にするのが禅であるとの錯覚を与えてしまう。間違った認識は注意すべきである。

禅はごく当り前のことを如何に造作なくやり切ることである。分別なく無心で西江の水を一口で飲めば良いので、飲める人こそ一切の存在に関わりをもたない人である。清浄な心の持ち主で自由人である。この時に居士が筆と紙と硯《すずり》を借りて書きつけた偈《げ》は次の如くであった。

ここ馬大師のところには十方各地より修行者が集まり、共に道を求める仏縁に恵まれ、めいめいが無為《むい》の道を学んでいる。ここここそはまさに仏子を選考する試験場である。いま私は心を空無《くうむ》にしてはじめて合格の喜びを得て、心の古里へと帰るというもので心の安らぎを示している。

馬祖のもとに二年滞在し、その教えを受けた。その時の偈に「息子はあれど嫁はとらないでいる。娘もいるが嫁には行こうとしない。親もとが一番良いのだろう。一家四人そろってむつまじく仏の法《のり》を語り合って楽しい生活をしておる」と詠じた。

○不昧本来人

士一日又問祖曰、不昧本来人、請師高著眼。祖直下覷。士曰、一等没絃琴、惟師弾得妙。祖直上覷。士礼拝。祖帰方丈。士随後曰、適来弄巧成拙。

士、一日又《ま》た祖に問うて曰く、「不昧《ふまい》本来人、師に請う高く眼《まなこ》を著《つ》けんことを。」祖直下《じきげ》に覷《み》る。士曰く、「一等の没絃琴、惟《た》だ師のみ弾じ得て妙なり。」祖直上《じきじょう》に覷る。士礼拝す。祖、方丈に帰る。士、随後に曰く、「適来《せきらい》は巧を弄《ろう》して拙を成せり。」

ある日居士は馬祖に質問した。「今あなたの目の前に明々白々としてある本来人としてお願いします。どうか眼《まなこ》を高く着けて下さい」。

馬祖はただちに下を見る。馬祖の心境が味わいのある面白さが示してあります。

居士は「同じこの絃の無い琴を、師匠であるあなたは見事なお弾きぶりです」。

馬祖はただちに上を見る。

居士はうやうやしく礼拝する。

馬祖はさっさと方丈《ほうじょう》に帰ろうとする。

すぐさま居士は「さきほどは上手にやろうとして失敗しました」と云った。

本来人とは仏心そのままの人間、臨済《りんざい》禅師の無位《むい》の真人《しんにん》である。はっきりと物を見て音を聞いて全てのものを認識してゆく人間の本性に本来的に具わっているいのちそのものの、仏心そのものである。人間の根本問題はこの本来人の探究であり、これが仏教である。この本来人の探究のため、高く目をつけて見て下さい、と云い、それに対して馬祖は下を見て逆手《さかて》に出ているが、馬祖として極めて自然に居士の問答に応じたのである。

その昔、陶淵明《とうえんめい》は琴を一つ持っていて、それには絃も柱《ことじ》も付いていなく酒宴の時にそれを弾いて音のない音を心で聞いて楽しんだ故事を出して、自分にも同じくその絃の無い琴はあるが、師匠は美事なお弾きぶりですと讃嘆している。

これに対しての馬祖の本来人の働きは今度は上を見たので、居士はうやうやしく礼拝する。馬祖は全て終ったとばかり方丈に帰ろうとした。間髪を入れず居士は「先程は上手な芝居を仕組んだものの見られたものではなく、大変失礼しました」と自分の敗北を認めたのである（註：お恥しい限りですとお粗末な自分を露呈した）。面白味のある問答である。

○筋骨ない水

士一日又問祖曰、如水無筋骨、能勝万斛舟、此理如何。祖曰、這裏無水亦無舟、説什麼筋骨。

士、一日又た祖に問うて曰く、「水の筋骨無くして、能《よ》く万斛《ばんこく》の舟に勝《た》うるが如き、此の理は如何《いかん》。」祖曰く、「這裏《ここ》には水も無く亦た舟も無し。什麼《なん》の筋骨をか説かん。」

ある日居士は馬祖に質問する。「筋も骨もない水が、見事に万石舟を載せるという。こうしたことはいかなる道理でしょうか」。

馬祖は「ここには水もなければ舟もない、筋だの骨だのと一体何の話かね」と答える。

あらゆる物質のなかで水は最も柔弱なものでありながら実は最も剛強なものである。蟻《あり》の穴の中でも通りそれが拡大すれば大堤防をも破ってしまう力を持っている。私の田舎の小さなため池の堤防に小さな竹が生えるのを禁じたことを、私の師父が注意していたことを思い出す。竹が枯れて竹の根のすき間から水は入り込むのである。一見弱く見える水が最も強くなる水圧の強さは測り難しである。筋骨ない水の妙用を私達日常生活に自由に使いこなしたいものである。

人間はとかく強く立派に見せたいものである。現代風に云えば自己主張一点張りである。強い強いと云っても限りがある、そこをよく見つめることが大切である。小学校五年生の頃、戦後間もない時、当時学校に行き帰りにも自分で、わらで作った草鞋《わらじ》をはいて田圃のあぜ道を近道したり、昼食を食べに寺まで約十五分かかって走って帰ったこと等思い出深いものがある。

或る日同級生とケンカをして相手をコッピドクやり込めて寺に帰った。早速和尚（実父）に勝ちいくさを云って、勝ち誇っていると和尚から高声に「お前何故負けてこなかったか」と叱りとばされた。勝つことは力があれば誰でも出来る、人間として負けることが如何に大切なことか、これからは負ける人間になるようにと教えられた。勝負の世界に生きれば常に悩みはつづくのである。勝負をすてることの大切さを釈尊は次の如く語りかけている。

勝利からは怨みが起る。敗れた人は苦しんで臥す。勝敗をすてて、やすらぎに帰した人は、安らかに臥す。（中村元訳『ブッダの真理のことば・感興のことば』岩波文庫）

また、小学校一年生のとき友達と将棋をして楽しんでいた。ところが自分が勝っていた時は調子にのって良かったが、ある時負けて腹をたてて将棋の盤をひっくり返してしまった。負けてくやしかったのである。負けずきらいの根性を持っていたのである。それを見ていた母親が私に「秀南！　そんなに負けるのがくやしかったらもうこれからは勝負ごとは一切やめなさい」とたしなめるように注意した。それ以来私は勝負ごとは一切やらないと決心している。

勝ち負け、強弱の相対的分別心をきれいに取り除いた心境が馬祖の「ここには水もなければ舟もない、筋だの骨だの一体何の話かね」の清浄心からわき出た言葉である。

薬山和尚との問答

薬山惟儼《やくさんいげん》（七五一―八三四）和尚との問答に入る前に薬山について記しておきたい。

薬山は石頭希遷禅師の法嗣《はっす》である。七七三年に南嶽《なんがく》の石頭を訪ね、その指示で江西の開元寺《かいげんじ》で説法していた馬祖道一禅師に参し数年修行し、やがて石頭のもとに帰り嗣法する。石頭の没後南嶽を去って洞庭湖の西、澧州《れい》にある薬山に行き、因縁あり小庵の中で次第に集って来た修行者を教導した。

八二〇年訪ねて来て信奉者となった李翺《りこう》との問答で「此の事を保任しようと思うなら、高々たる山頂に坐し、深々たる海底を行け」と教えたことは有名である。

六祖慧能《えのう》禅師は坐禅を定義して、外に一切の境界上に念の起らざるを坐となす、内に本性を見て乱れざるを禅となすと端的に示され、その弟子達は後世中国全土に禅をひろめるのである。

薬山が、あるところで坐禅をしていると、石頭が「あなたはそこで何をしているのか」と尋ねた。

薬山は答えて「何もしていません」。

石頭は更に言葉をつづけて「それでは暇つぶしだ」。

薬山は答える、「暇つぶしなら、やはりやっているわけでしょう」と。

石頭は「あなたは何もしないという。いったい、何をしないのかね」。

薬山の次の答えがすばらしい。「千人の仏もこの男を見分けることは出来ますまい。このところは仏といえども誰も知ったことではない」。

石頭は「これまでともに暮らしていて、その名すら知らない。因縁のままただ一緒に歩いてゆくだけである。古来の仏すらその男をしらない。おいそれと、どうして凡夫に見分けられるものか」との歌でもってほめたたえた。

これが薬山を認めた伝法偈である。後世有名な禅の言葉「非思量《ひしりょう》」の出拠は、次のある僧との問答にある。

薬山が坐禅をしているとある僧が尋ねる、「馬鹿みたいに何を考えておられますか」。

薬山は答えて「考えないところを考えている」。

僧は更に尋ねて「考えないところをどう考えますか」。

薬山は答えた、「考えることではない」。

つまり坐禅は考えないところを考えるので、馬鹿みたいに坐禅することにより無限な思量を生み出すのである。大地と同根、万物一体となった人に天地万物の思量がわき出て来る。

この惟儼がある日（七八五年のある日）、芍薬《しゃくやく》が山一面に群生していた薬山に入る。洞庭湖の西岸にあり、以後約五十年にわたる住山の地である。最初は村長より牛小屋をゆずりうけて牛と共にひたすら坐禅をしていた。

間もなく芍薬の香りと牛糞の香りと入り交った中で坐禅する人が増えて五十人にもなってしまって、居場所がなく山上に小屋を建てて僧堂を構えた。多くの弟子達が薬山を慕って集って来た。やがて雲巌《うんがん》・道吾《どうご》・船子《せんす》等の諸弟子を出し曹洞宗《そうとうしゅう》の源流となる。宋学の源流と仰がれる李翺《りこう》が訪ねた話も有名である。

薬山が牛小屋を僧堂にしたことは後世の禅僧の語り草となり、唐代の禅がたまらない程人々を魅了する。五人でも十人でも真に法を求める修行者のいるところが大叢林《だいそうりん》である。薬山の心意気にならい真剣に禅を行ずる日常底が問題であり、薬山の例にならえというのが後代禅僧の心情である。

更に薬山は口ぐせに云った、「老僧《わし》は徳がない、あなたたちと一緒によう食事は出来ない」と。毎日粥を二度しかとらず、昼の飯は食べなかった。首座《しゅそ》は薬山の顔色がいいのを見てきっと内緒で飯をとっているにちがいないと思い、ある日食堂《じきどう》に行かない薬山の行動をのぞき見していると、片手なべから湯気が出ている。さては内緒で飯を食べていたと鍋のふたを開けると、野菜のくずとわずかの麦のかすであった。

それを見た薬山は首座《しゅそ》に云った。「老僧《わし》はこれまで皆の仲間入りする力もなく、こうして十年すごして来たが、今、見つかってしまった。けっして他に知らしてはいけないよ」。枯淡に生きた老禅者の日常食生活の一端である。古人は自分に厳しく自分をよく見つめて過した。

或る日李翺《りこう》が来て薬山に面会をした。丁度薬山は本堂で読経中で、てんでふりむきもしない。李翺も又挨拶もせず、ふざけ口をきいた。「顔をみるよりも遠くで名を聞いていた方がよかった」。

薬山は李翺の名を呼ぶと「ハイ」と返事をしたので、「よくも耳を信用して目を馬鹿に出来たものだ」。

李翺はたちまち平伏した。はるばる訪ねて来てみると痩身《そうしん》鶴のようにやせこけた和尚は、ふりむきもせず平然とお経をよんでいる。「訪ねてくるほどの和尚でもなかった」と、思わず李翺はそれを口にした。

しかし薬山に完全に足をすくわれた。そこで李翺は「どういうものが道でありましょうか」と尋ねると、薬山は指で天をさし示し、更に地をさし示して「雲は青天にあり水は瓶にあるよ」。諸法の相そのまま、不変。理をくらまさない、釈尊の教えそのものであった。

薬山は非常に経論に通じていたが、修行僧には経論を読むことを禁じた。久しく大衆の為に説法がないので説法を願い出ると、「よし早速に鐘を鳴らして大衆を集めよ」と指示した。時間が来ると薬山高座に陞《のぼ》り、一同説法を待っているとスイと座を下って方丈に帰った。怪んで尋ねて、「和尚は大衆のため説法すると仰せられ、しかしながら何故一言も示されなかったのですか」。すると薬山は「経には経師があり、論には論師がある。老僧《わし》は経論師ではない」と云い放った。

臨終に到り、大声で「法堂は倒れる、法堂は倒れる」と叫ばれたので大衆総出《そうで》で法堂の柱を支えると、薬山、「汝等、吾が意を知らない」と喝破《かっぱ》し、脱然と示寂された。世寿八十四歳。

○釈尊の説かれた一乗の法とは

居士到薬山禅師。山問曰、一乗中還著得這箇事麼。士曰、某甲祇管日求升合、不知還著得麼。山曰、道居士不見石頭、得麼。士曰、拈一放一、未為好手。山曰、老僧住持事繁。士珍重便出。山曰、拈一放一、的是好手。士曰、好箇一乗問宗、今日失却也。山曰、是是。

居士、薬山禅師に到る。山問うて曰く、「一乗中、還って這箇《しゃこ》の事《じ》を著け得るや。」

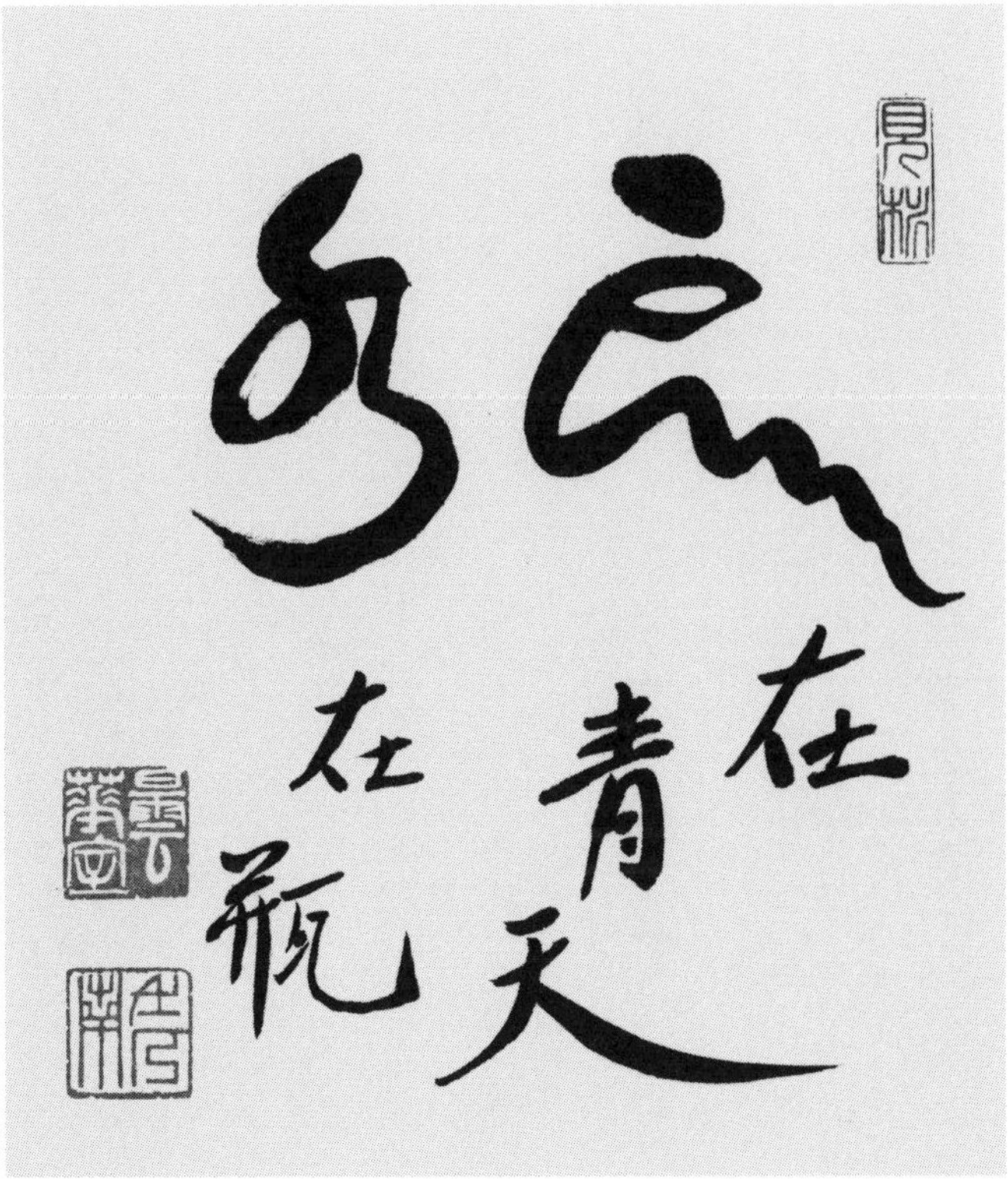

27　薬山和尚との問答

士曰く、「某甲《それがし》は祇管《ひたす》ら日に升合を求むるのみ、還って著け得るやを知らず。」山曰く、「居士は石頭を見ずと道《い》うこと、得てんや。」士曰く、「一を拈《と》って一を放つこと、未だ好手と為さず。」山曰く、「老僧は住持すること事繁《はん》なり。」士、珍重して便ち出づ。山曰く、「一を拈って一を放つこと、的《まさ》に是れ好手。」士曰く、「好箇の一乗の問宗、今日失却せり。」山曰く、「是是《ぜぜ》。」


居士が薬山のところにやって来ると、薬山は問いかけた。

「釈尊の説かれた唯一最高の教えである大乗の道の中に、この一事、あなた自身を入れ込んでみることが出来るかね」。

居士「私は一日一日の食いつなぎで精一杯です。それが入るかどうかなど、とんと存じません」。

すると薬山は「ではあなたは石頭和尚に会わなかったと申してよろしいか」。

居士「こっちを取ればそっちを捨てるというのは名人とも思えません」。

薬山「私は寺の仕事が忙しいのでこれで失礼するよ」。

居士が挨拶をして退出しようとすると薬山が云った。「こっちを取ればそっちを捨てる、いかさま名人芸だな」。

居士「あたら一乗の宗義問答が今日は全くふいになりましたわい」。

薬山「いかにもいかにも」。

薬山は居士の本来人を先《まず》はこの場で直下に検証しようとして、この一事を入れ込んでみることが出来るかと問うて来たのに対し、居士は本来人丸出しでその日その日の米を僅《わず》かずつ手に入れながらほそぼそと暮しているだけです、と下手に出ながら、実はこれが私の満ち足りた妙用の日々の姿でこれが一乗の中で本来人です、と応えた。

では、と次の問いに薬山は、あなたは師である石頭和尚にお会いして師をとび越えた境地を得ておられるのでしょうかとつっ込んだところを問題にしている。それに対して居士は猿が自分の周りにあるものを手当たり次第につかんでは捨てることを引用し、あくせくと外境を追い廻《まわ》して自己の本心を見失っていることにたとえて、今さらでもないのに石頭和尚のことを持ち出して、鋒先《ほこさき》をそらそうとしたと見て取ってからかったものである。やりての薬山ならば猿のたとえ話を持ち出さず正面から一乗の法の話をすべきだと云いたいのである。

からかわれた薬山は「老僧《わたし》は寺の仕事が忙しいのでこれで失礼するよ」と。居士は丁重に挨拶して出てゆこうとした。そこで薬山は居士を見事な猿にしてしまった。

居士は「せっかく立派な問答がはじまるところ、龍頭蛇尾に終ってしまった」。

薬山「そうだそうだ」。

薬山と居士各々に相手の境地を確かめあって無駄ではなかった。居士の当時の禅者との互角の問答の中で、その境地を一層深めている一例である。

○真白な雪の舞い落ちるところ

居士因辞薬山、山命十禅客相送至門首。士乃指空中雪曰、好雪、片片不落別処。有全禅客曰、落在甚処。士遂与一掌。全曰、也不得草草。士曰、恁麼称禅客、閻羅老子未放你在。全曰、居士作麼生。士又掌曰、眼見如盲、口説如瘂。

居士、薬山を辞するに因りて、山、十禅客に命じて相送りて門首に至らしむ。士乃ち空中の雪を指さして曰く、「好雪、片片別処に落ちず。」全《ぜん》禅客有り、曰く、「甚処《いずく》にか落在する。」士遂に一掌を与う。全曰く、「也《ま》た草草なることを得ざれ。」士曰く、「恁麼《かく》のごとく禅客と称すれば、閻羅《えんら》老子は未だ你を放《ゆる》さず。」全曰く、「居士は作麼生《いかん》。」士又た掌して曰く、「眼は見れども盲の如く、口は説《い》えども瘂の如し。」

居士が長い間お世話になった薬山道場をいよいよ辞去する時がやって来た。道場主薬山は古参の十人の雲水を呼んで居士を山門まで見送らせた。時は真冬の雪が降る朝であった。

すると居士は空から舞い降る雪を指さして云った。「何と美しい雪ではないか。一片《ひとひら》一片が別の所に落ちない」。十人の雲水の中に全と云う者がいて、この問いにひっかかって云った。「どこに落ちるのですか」。即座に居士は平手打を食わした。

雪一片一片が落ちるべき処に無心に落着してゆく、この見事な雪の自然の姿に心打たれた居士にとって、この雲水の質問は全く論外の話で平手打に値いするのである。居士が見惚れているのは一枚一枚の雪片の、神業とも云える舞い落ちるその落ちぶりそのも

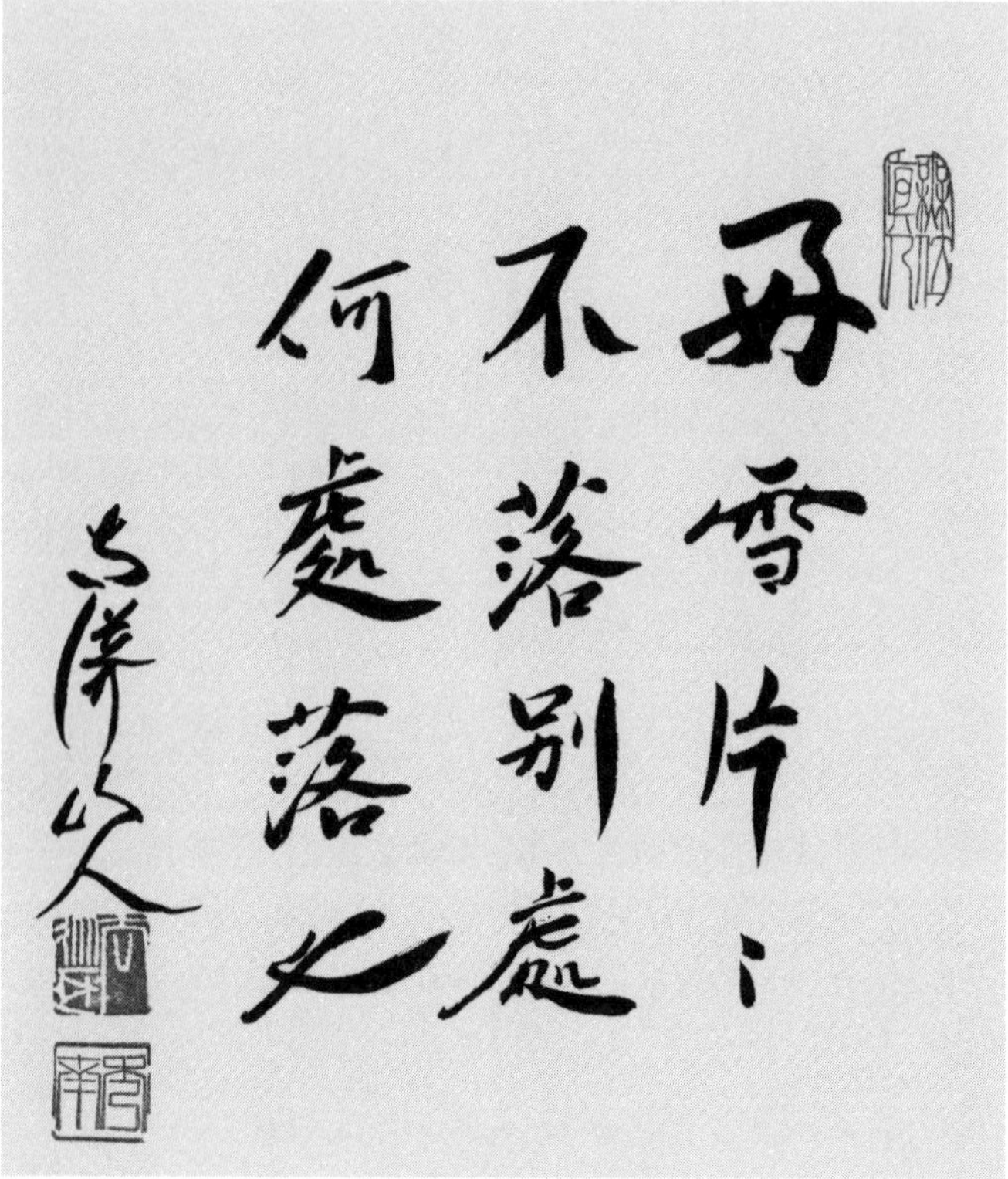
好雪片々
不落別處
何處落

のである。雪見をする時の私達の眼のつけどころである。冬の雪の降る日の私達の視点を、以後気をつけておくべきである。

全は無眼子《むがんす》である。「大ざっぱなことされてはいけません。いいかげんなことをするものではありません」。居士はこの全雲水を徹底許さない。よりすぐりの雲水だと思っていたこともあって、「そんなことを云っておるようでは一人前の禅僧とは云えないぞ。死んでエンマ大王に会ったら容赦されないぞ」。

全はまだ分らない、「居士さんはどうですか」。つまらない質問である。居士はもう一度、平手打を食らわして云った。「目は見えていても見ていないと同然、口ではしゃべっていても意が通じない」。

禅僧たるもの大自然の成り行きを心して見、一言一句油断ない言葉を話すべきである。ここで宮沢賢治の有名な歌を思い出す。

夜の湿気と風がさびしくいりまじり
松ややなぎの林はくろく

そらには暗い業の花びらがいっぱいで
わたくしは神々の名を録《しる》したことから
はげしく寒くふるへてゐる。

「雨ニモマケズ」とともに古くから有名である。夜の松ややなぎの中で感得したのは一体何であったか。夜であるため、顔や手足に触れた冷たい雪が、いつか見た晴天の冬空に出現した幾千万億の雪の花びらと重なり、それがある一瞬、業《ごう》の花びらを連想させるのである。そして多くの神々を名指しその神々に何事かを訴え祈る。ああ大梵天王《だいぼんてんのう》と呼びかけて、熱と咳にあえぎただ泣くばかりの愛姪ふじ子の病状をうれい、自分自身も重病でありながら、幼いふじ子の苦痛を何とぞこの私に移して下さいと云う痛切な願いを吐露《とろ》したものと考えたい。同じ雪でも一人一人感受性が異なる点をよく見るべきである。

斉峰《さいほう》和尚との問答

斉峰禅師、馬祖道一禅師の法嗣、伝記不詳。

○盗人は誰だ

居士到斉峰。纔入院、峰曰、箇俗人頻頻入院、討箇什麼。士乃回顧両辺曰、誰恁麼道、誰恁麼道。峰便喝。士曰、在這裏。峰曰、莫是当陽道麼。士曰、背後底聻。峰回首曰、看看。士曰、草賊大敗、草賊大敗。

居士、斉峰《さいほう》に到る。纔《わず》かに院に入るや、峰曰く、「箇《こ》の俗人、頻頻として院に入り、箇の什麼《なに》をか討《もと》むる。」士乃ち両辺を回顧して曰く、「誰か恁麼《かくい》道えるや、誰か恁麼道えるや。」峰便ち喝す。士曰く、「這裏《ここ》に在り。」峰曰く、「是れ当陽《とうよう》に道える莫《な》きや。」士曰く、「背後底聻《ていに》。」峰、首《こうべ》を回《めぐ》らして曰く、「看よ看よ。」士曰く、「草賊大敗せり、草賊大敗せり。」


居士が、斉峰和尚のところにやって来た。その禅寺に入るやいなや、斉峰は云った、「俗人が一人で、突然に寺に入って来て何か目当《めあて》があるのか」。すると居士は左右を見渡して「誰がそういうことを云うのか、誰が云うのか」。すかさず斉峰は大きな声でどなった。

居士は「ここに居るぞ」と主人公を丸出しにする。

斉峰は「ほう、あなたがこの寺の主人公というつもりかナ」。

居士は云った、「それ！　うしろのは？」

斉峰はその言葉に釣られてうしろをむいて「見よ見よ」。

するとと居士は「大盗賊が尻っぽを出した、この和尚も大したことはなかったな」。

この問答は斉峰が居士のペースに巻きこまれて一回転したり最後には押し切られてし

草賊大敗

まったようだが、心の通じあった人との楽しい問答である。

○前と後ろの違い

峰一日与居士並行次、士乃前行一歩曰、我強如師一歩。峰曰、無背向。老翁要争先在。士曰、苦中苦未是此一句。峰曰、怕翁不甘。士曰、老翁若不甘、斉峰堪作箇什麼。峰曰、若有棒在手、打不解倦。士便行一摑曰、不多好。峰始拈棒、被居士把住曰、這賊今日一場敗闕。峰笑曰、是我拙、是公巧。士乃撫掌曰、平交、平交。

峰、一日居士と並び行く次《とき》、士乃ち一歩を前《さき》んじて行きて曰く、「我れ師よりも強《まさ》ること一歩なり。」峰曰く、「背向無し。老翁が先きを争わんと要《ほっ》するのみ。」士曰く、「苦中の苦、未だ是れ此の一句ならず。」峰曰く、「老翁の甘んぜざらんことを怕《おそ》る。」士曰く、「老翁若し甘んぜずんば、斉峰は箇の什麼《なに》を作《な》すにか堪えん。」峰曰く、「若し棒の手に在る有らば、打って倦《う》むことを解《し》らざらん。」士便ち一摑《いっかく》を行《ぎょう》じて曰く、「多《はなは》だしくは好からず。」峰、始めて棒を拈《と》るや、居士に把住せられて曰く、「這《こ》の賊、今日一場の敗闕《はいけつ》。」峰笑って曰く、「是れ我れの拙なりしか、是れ公の巧みなりしか。」士乃ち掌を撫《う》って曰く、「平交、平交。」

斉峰がある日居士と並んで歩いている時、居士が一歩を前《さき》んじて行って云うのに「わたしは和尚より一歩早く歩いております」。

斉峰云って「うしろもまえもない。あなたご老人がさきに行こうとされただけだ」。

居士は「修行中の苦しみはそう簡単には口には出せない。骨折った苦しみは口では云えないものだ」と云った。

斉峰は「ご老人がご満足されないと案じてのことですよ」。

居士「もしもこの翁が満足しなかったら斉峰和尚はものの役にもたちません」。

斉峰「もし手に棒があったら、打って打って打ちのめしてやろう」。

居士はすかさずなぐりつけて「そいつはどうもいただけませんな」。

斉峰が棒を手にとろうとすると、ただちに居士に取りおさえられ「この盗賊、今日はみごとに負けたぞ」。

斉峰は笑いながら「さてさて私がへたをやったのかあなたが巧者だったのか」。

居士は手を叩いて云った「あいこさ、あいこさ」と。

巧拙があるようでないところを歩き、散歩しながら優劣ない平等の世界における二人の境地が実に面白い。心の通じ合った人どうしの真の楽しみを私達は日常味わいたいものである。

○斉峰の高さ

居士一日又問峰曰、此去峰頂有幾里。峰曰、是什麼処去来。士曰、可畏峻硬、不得問著。峰曰、是多少。士曰、一二三。峰曰、四五六。士曰、何不道七。峰曰、纔道七、便有八。士曰、住得也。峰曰、一任添取。士喝便出。峰随後亦喝。

居士、一日又た峰に問うて曰く、「此《ここ》より峰頂へ去《ゆ》くに幾里有りや。」峰曰く、「是れ什麼《いずれ》の処にか去き来る。」士曰く、「畏るべし峻硬なること、問著するを得ず。」峰曰く、「是れ多少ぞ。」士曰く、「一二三。」峰曰く、「四五六。」士曰く、「何ぞ七を道《い》わざる。」峰曰く、「纔《わず》かに七を道えば、便ち八有り。」士曰く、「住《や》め得たり。」

峰曰く、「一《いっ》に添取するに任《まか》す。」士喝して便ち出づ。峰、随後《ただち》に亦た喝す。


ある日居士はまた斉峰に問うた。「ここから斉峰の頂上まで何里ありますか」。京都ならば、「ここ妙心寺より比叡山まで何里ありますか」との問いである。斉峰の悟境がどれほどの高さに達しているかを問うているのである。

それに対して斉峰は「そう問うているあなた自身は何処へ行っていたのか」。つまりあなた自身の修行歴をはっきりと明示せよとのことである。

居士は斉峰和尚の反問に驚いて「これほど取りつく島もないほどの嶮峻さではその高さを問うすべもありません」。

それに対し斉峰が「どれはどじゃ」と云って、「見ないところを云うてみよ」と、救いの手を差し出した。

居士は答えて「一、二、三」。

峰云く「四、五、六」。

すると居士が「なぜ七をおっしゃらないのか」。

斉峰「七を云うたとたん八が出てくるのでナ」。

淡々と云っている斉峰和尚に居士は「もういいそこまで！」

斉峰「いくらでも続けるよ」。

斉峰和尚の無心天衣無縫ぶりが出た、ここに禅僧の姿を見ること。問答もこうなれば遊戯三昧《ゆげざんまい》となる。

居士は大きな声でこれで失礼すると出て行った。前々回の問答と打って変った。互いに問答に楽しみがわき、愉快な問答となった。

したがって、斉峰は追いかけて行って大きな声で「楽しかった、今日は楽しかった、後日又会おう」と云った。

○正面きって云ってはいけない

居士一日又問、不得堂堂道。峰曰、還我恁麼時龐公主人翁来。士曰、少神作麼。峰曰、好箇問訊、問不著人。士曰、好来、好来。

居士、一日又た問う、「堂堂と道《い》うを得ざれ。」峰曰く、「我れに恁麼《かか》る時の龐公の主人翁を還し来たれ。」士曰く、「神《しん》を少《か》いて作麼《なに》かせん。」峰曰く、「好箇の問訊、問い人に著《じゃく》せず。」士曰く、「好《よ》し来たれ、好し来たれ。」

ある日居士がまた問いかけた。「究極の真理について言葉で云い表わせない。それを堂々として云ってはなりませんぞ」。

斉峰「堂々と云ってはいけないとはどう云うことか、あなたの本来の主人公がどこかに消えたのか。仏法は秘密なしじゃないか、ありのままでいいのじゃ。その主人公をこのわたしに差し出し返してくれないか」。

居士「主人公を返しなさいとは、あなた自身が主人公を失っていて、主体性がない証拠ではないですか」。

斉峰「あなたが来たのでとっておきの質問をしたのにどうも私の意とピッタリとしていないナ」。

居士「今日の問答はこれまで。又会いましょう又会いましょう」と云って帰った。
二人の問答は今回は平行線で終ったのでもなくボタンのかけ違いになった感じである。
人間関係の不思議さでもある。

丹霞和尚との問答

丹霞天然《たんかてんねん》禅師（七三八―八二三）、石頭希遷禅師の法嗣である。若い頃に儒学を学んでいた時、龐居士とともに都長安に官吏登用試験を受けに行く途中、一人の行脚《あんぎゃ》僧に会い、「選官は選仏に及ばない」と教えられ、その足で二人連れだって江西の馬祖道一禅師の下に参じた。

ところが馬祖禅師は、龐居士はここに留まれと許されたが、丹霞は石頭禅師のもとに行けと命ぜられて、二年余の修行の後に得度して僧となり、諸方を行脚し河南の丹霞山に住持して布教した。

厳寒の日、本堂内で坐禅していると寒くて寒くてどうしようもなくなった。丹霞は本堂の内陣の仏像（木像）を取り出して来て焼いて暖を取ったことは、あまりにも有名である。「仏という言葉は永久に聞きたくない」と常々云って、仏にとらわれることもなく法にとらわれることもなく天然自然に日常を過ごした禅僧の一人である。

師匠の馬祖禅師は後に尋ねて来た丹霞に天然と道号を与えてその禅風を讃えたのである。この様な二人の間柄の中での丹霞和尚と龐居士との問答であり、すばらしい展開がある。

○娘の霊照との出会い

丹霞天然禅師、一日来訪居士。纔到門首、見女子霊照携一菜籃。霞問曰、居士在否。照放下菜籃、斂手而立。霞又問、居士在否。照提籃便行。霞遂去。須臾居士帰。照乃挙前話。士曰、丹霞在麽。照曰、去也。士曰、赤土塗牛妳。

丹霞天然禅師《たんかてんねん》、一日来たって居士を訪う。纔《わず》かに門首に到るに、女子霊照《りんしょう》の一菜籃《さいらん》を携うるを見る。霞問うて曰く、「居士在りや。」照、菜籃を放下し、手を斂《おさ》めて立つ。霞又た問う、「居士在りや。」照、籃を提《と》りて便ち行く。霞遂に去る。須臾《しゅゆ》にして居士帰る。照乃ち前話を挙《こ》す。士曰く、「丹霞在りや。」照曰く、「去れり。」士曰く、「赤土《しゃくど》に牛妳《ごねい》を塗る。」

丹霞和尚がある日居士を訪ねて来た。家の前まで来ると、娘の霊照が野菜かごを手にしているのに会ったので「居士さんはご在宅ですか」と尋ねた。この娘霊照がこの家族の中でも特にこわものであり油断出来ない女の子である。するど霊照はかごを地上においてきちんと手をそろえて立った。唐の中期に出来た格言集に、子女に対する心得として「出でては容《かたち》を斂め、動いては庠序《しずしず》と手を出さずおそれつつしみて立つ。（容貌をととのえてつつしむ。動作はしずしずと行う）」とあり、ここで霊照は不在の父に代わり龐家の主人として賓客を迎える作法を実に丁寧にしたのである。

丹霞は霊照が父になり代わって挨拶したのがとっさに見抜けなかったのか、「居士さんはご在宅ですか」と尋ねた。霊照は和尚の言葉を聞いてかごを取り上げるとさっさと歩き出した。そこで丹霞は居士は留守だと思い立ち去って行った。

まもなくして居士が帰って来たので霊照がさきほどの出来事を話すと、居士は「丹霞和尚はいるのかね」と聞いたので、霊照は「もうお帰りになられました」と答えると、居士は「赤土に牛乳がべったりだ」と云った。

「赤土に牛乳がべったり」は当時の俗諺《ぞくげん》であろう。よせばいいことをやる、無意味なことをやるの意であろう。ここでは「この娘めがわが家門に泥をぬりおった。恥をさらしおったわい」と云うところである。居士の娘に対する真の愛情をこの問答の中で見ることが出来る。家門に恥をぬったことがそのまま居士の心の発露である。よく和尚に応対してくれた、有難うと云わんばかりである。

○口が不自由と耳が不自由と

霞随後入見居士。士見来、不起亦不言。霞乃豎起払子。士豎起槌子。霞曰、只恁麼、更別有。士曰、這回見師、不似於前。霞曰、不妨減人声価。士曰、比来折你一下。霞曰、恁麼則瘂却天然口也。士曰、你瘂繇本分、累我亦瘂。霞擲下払子而去。士召曰、然闍黎、然闍黎。霞不顧。士曰、不惟患瘂、更兼患聾。

霞、随後に入りて居士に見《あ》わんとす。士、来たるを見て、起《た》たず亦た言《ものい》わず。霞乃ち払子《ほっす》を竪起《じゅき》す。士、槌子《ついす》を竪起す。霞曰く、「只だ恁麼《かく》なるのみか、更に別に有るか。」士曰く、「這《こ》の回《たび》師に見《あ》うこと前に似ず。」霞曰く、「妨げず人の声価を減ずることを。」士曰く、「比来《さきほど》你を折《くじ》くこと一下。」霞曰く、「恁麼《かく》なれば、天然の口を瘂却《あきゃく》せり。」士曰く、「你の瘂は本分に繇《よ》る、我れを累《るい》して亦た瘂ならしめたり。」霞、払子を擲下《てきげ》して去る。士召《よ》んで曰く、「然闍黎《ねんじゃり》、然闍黎。」霞顧みず。士曰く、「惟《た》だ瘂を患うのみならず、更《さら》に聾《ろう》をも患う。」

そのすぐあとに丹霞は居士に会いに来た。居士は姿を見ただけで立ち上りもしない。ものも云わない不動の姿勢である。そこで丹霞は払子を立てて見せた。すると居士は八角の木槌を立てた。

丹霞が云うのに「ただそれだけのことか。それとも別に何かあるのか」。

居士「このたびの会見は以前とは違いますな、どう云うことでしょう」。以前霊照と会ったことを引き合いに出して、霊照さんには一本取られましたと皮肉る意が含まれている。

丹霞は「私の力不足を知らしめるあなたのその攻めっぷりはたいしたものですね」と云った。

居士は「先程は娘霊照が一本取りました」と云った。

丹霞「あの時はこの私の口は全く不自由にさせられました」。

居士「あなたの口が不自由なのは生来のもの、それを私にまで口を不自由にさせるとは迷惑千万な話だ」。

丹霞は払子を投げ捨てて行きかけた。

すると居士が呼びかけた「天然和尚、天然和尚」。

丹霞は振り向かなかったので居士は「口が不自由になったばかりか耳も不自由になってしまった」。

丹霞和尚と龐居士全く天然のままでの問答ですがすがしい感がする。人間の本分のところは眼も不自由、耳も不自由、口も又不自由である。その人間が一度生をうけてこの世に出た時、眼では見る働き、耳では聞く働き、口ではしゃべる働きが出て、自由自在だと云っている。はたしてそれが本当の自分なのか、一度よく自己を見つめてみることが大切である。

この二人は人間の原点に返って不自由の中に自由を見出して、互いに不自由な世界を楽しんでいる。私達もこの様な心境でおりたいものである。

○丹霞と龐さん

丹霞一日又訪居士、至門首相見。霞乃問、居士在否。士曰、饑不択食。霞曰、龐老在否。士曰、蒼天、蒼天。便入宅去。霞曰、蒼天、蒼天。便回。

丹霞、一日又た居士を訪い、門首に至って相見《しょうけん》す。霞乃ち問う、「居士在りや。」士曰く、「饑えては食を択《えら》ばず。」霞曰く、「龐老在りや。」士、「蒼天、蒼天」と曰《い》って、便ち宅に入り去る。霞も「蒼天、蒼天」と曰って、便ち回《かえ》る。

ある日また丹霞は居士宅を訪問した。家の前で二人は出会った。

そこで丹霞は問うた。「居士はご在宅ですか」。

居士は「腹がへったら何でも食べるよ、ありのままの人間で問答しようよ」と云った。

丹霞が「龐老人はそれじゃご在宅ですな」。

居士は「やれやれ、何だこんなことが今日の出会いか」と云って、そのまま家の中に入ってしまった。

丹霞も「やれやれ」と云ってそのまま引き返した。

全くの無心どうしの出会いである。

○眼の狭さ

霞一日問居士、昨日相見、何似今日。士曰、如法挙昨日事来、作箇宗眼。霞曰、祇如宗眼、還著得龐公麼。士曰、我在你眼裏。霞曰、某甲眼窄、何処安身。士曰、是眼何窄、是身何安。霞休去。士曰、更道取一句、便得此話円。霞亦不対。士曰、就中這一句、無人道得。

霞、一日居士に問う、「昨日の相見《しょうけん》、今日と何似《いずれ》ぞや。」士曰く、「如法《にょほう》に昨日の事を挙げ来たって、箇の宗眼《しゅうげん》と作《な》せ。」霞曰く、「祇如《たとえ》ば宗眼は、還《かえ》って龐公を著《お》き得るや。」士曰く、「我れは你の眼の裏《うち》に在り。」霞曰く、「某甲《それがし》は眼窄《せま》し、何処《いずく》にか身を安《お》かん。」士曰く、「是の眼何ぞ窄からん、是の身何ぞ安かん。」霞休《きゅう》し去る。士曰く、「更に一句を道取せば、便ち此の話《わ》の円《まど》かなるを得ん。」霞亦た対《こた》えず。士曰く、「中《うち》に就いて這《こ》の一句、人の道《い》い得るもの無し。」

ある日丹霞が居士に尋ねた。「昨日の会見は今日と比べてどうですか」。居士が答えて「その昨日のことをありのままに話して、一つの仏法の根本を完全に見て取った見方にして下さい」。

丹霞「その見方つまり仏法の眼だが、その中に龐居士さんを置けるだろうか」。

居士云く「私はあなたの眼の中にいますよ」。

丹霞「私の眼は狭いのであなたの身がどうしておけるでしょうか」。

居士云く「いったい眼がどうして狭いのです。いったい身がどうして置けるのです」。

丹霞はそこで今日はこれで十分として問答に終止符を打った。

すると居士が云った「もう一句云い足して下さい。今日の問答がうまくおさまるように」。

それにも丹霞は答えなかった。

すると居士は「この一句ばかりは言える人はいないですよ」。

互いに長い間の道友の間柄、相手の心の中まで通じあっておる。丹霞が黙して答えなかったことを居士はたたえた。

○帽子問答

居士一日向丹霞前叉手立、少時却出去。霞不顧。士却来坐。霞却向士前叉手立、少時便入方丈。士曰、我入汝出、未有事在。霞曰、這老翁出出入入、有甚了期。士曰、却無些子慈悲心。霞曰、引得這漢到這田地。士曰、把什麼引。霞乃拈起士幞頭曰、却似一箇老師僧。士却将幞頭安霞頭上曰、一似少年俗人。霞応喏三声。士曰、猶有昔時気息在。霞乃拋下幞頭曰、大似一箇烏紗巾。士乃応喏三声。霞曰、昔時気息争忘得。士弾指三下曰、動天動地。

居士、一日丹霞の前に向《おい》て叉手《さしゅ》して立ち、少時《しばら》くして却って出で去る。霞、顧《かえり》みず。士却って来たり坐す。霞却って士の前に向《おい》て叉手して立ち、少時《しばら》くして便ち方丈に入る。士曰く、「我れは入り汝は出で、未だ事有らず。」霞曰く、「這の老翁出出入入して、甚《なん》の了《おわ》る期《とき》か有らん。」士曰く、「却って些子《いささ》かの慈悲心も無し。」霞曰く、「這《こ》の漢《おとこ》を引き得て這の田地《ところ》に到る。」士曰く、「什麼《なに》を引きたる。」霞乃ち士の幞頭《ぼくとう》を拈《と》り起《あ》げて曰く、「却って一箇の老師僧に似たり。」士却って幞頭を霞の頭上に安《お》いて曰く、「一《ひと》えに少年の俗人に似たり。」霞、応喏《おうだく》すること三声す。士曰く、「猶《な》お昔時の気息の在《のこ》れる有り。」霞乃ち幞頭を拋下《ほうげ》して曰く、「大いに一箇の烏紗巾《うしゃきん》に似たり。」士乃ち応喏すること三声す。霞曰く、「昔時の気息争《いか》でか忘れ得ん。」士、弾指すること三下《みたび》して曰く、「天を動かし地を動かす。」

ある日居士は丹霞の前で叉手《さしゅ》（両手を胸のあたりで合わせておる姿、挨拶する時の作法）して立っていて、しばらくして自分から出て行った。丹霞は振り向きもしなかった。ところが居士は引き返して座った。今度は丹霞が居士の前で叉手をして立ってしばらくして、さっと方丈に入って行った。

居士が声をかけて「私は入りあなたは出る。何の変哲もありませんな」。

丹霞は云った「この爺さん、出たり入ったり、出たり入ったり、いつまでやっておるのか」。

居士は「なんとこれっぽっちの慈悲心もない人とは思わなかったナ」と、冷淡な扱いを非難した。

丹霞は「やれやれ私はこの爺さんをこんなところにまで引きこんでしまった」。なんともやりきれんとの独り言の様なボヤキである。

すると居士は「何を引きこんだと云うのです」。

そこで丹霞は居士の帽子をつまみ上げて「なかなかの老師家《しけ》ぶりだ」。

今度は居士がその帽子を丹霞の頭にのせて「まるで世間の俗人の若者にそっくりだ」

と云った。

丹霞は「ハイ、ハイ、ハイ」と俗人ふうに三度返事をした。

すると居士は「昔の気力があるナ」と、共に選官に都へ行った時のことを思い出しながら云った。

すると丹霞は帽子を放り投げて「こいつは官吏が着ける礼帽そっくりだ、こんなものをいただく身分なぞない」とすっぱりと捨て切った。

この気概には居士も共感した。だから居士も「ハイハイハイ」と答えたのである。

丹霞は云った「昔の気力はなかなか忘れ切れるものではないナ」。

居士三度指を鳴らして云った「天をも轟《とどろ》かせ地をも揺るがす」。

このお互いの若い時の熱気、天をも動かし地を動かす大力量があってこそ現在の二人があるのだと互いに元気づけあっている。

○七と一

丹霞一日見居士来、便作走勢。士曰、猶是抛身勢。作麼生是嚬呻勢。霞便坐。士向前、以拄杖劃箇七字、於下劃箇一字、曰、因七見一、見一忘七。霞便起。士曰、更坐少時、猶有第二句在。霞曰、向這裏著語、得麼。士遂哭三声出去。

丹霞、一日居士の来たるを見るや、便ち走る勢を作《な》す。士曰く、「猶お是れ拋身の勢なり。作麼《いかな》生るか是れ嚬呻《ひんしん》の勢。」霞便ち坐す。士、向前して、拄枝を以って箇の七の字を劃《かく》し、下に於て箇の一の字を劃して曰く、「七に因って一を見、一を見て七を忘る。」霞便ち起《た》つ。士曰く、「更に坐すること少時《しばらく》せよ、猶お第二句の在《のこ》れる有り。」霞曰く、「這裏《ここ》に向《お》いて語を著《つ》くること、得《よろ》しきや。」士遂に哭すること三声して出で去る。

ある日居士がやって来るのを見ると丹霞は走り出す格好をした。居士が云うのに「それはまだ跳びかかる格好ですな、ライオンがうなる格好はどうなのですか」。ライオンが身の毛をたてて獣に向うおそろしい様相を聞いている。と同じ様に、つまり仏が三昧に入ると大悲の身根を開いて威厳の相を現じて説法すると云われるが、見せて欲しいのはあなたの説法三昧の真相である。

するると丹霞は座に着いた。

居士は進み出て杖で空中に七の字を描きその下に一の字を描いて云った、「七によって一を見、一を見て七を忘れる」。中国での七を常数とする一般の慣用を使い、これに対して一はなんらかの帰着のところ、或は根源究極のところと示したものと見たい。

これに対し丹霞はさっと立ち上がった。

すると居士は「もうしばらくお坐り下さい。まだ第二句がありますぞ」。

丹霞は云った「ここのところに一句はさんでよろしいかナ」。丹霞としては「第二句をあなたから聞かされる前にこちらから先手を打って一発云わせてもらおうか」と云った。

かくして居士としてはみじめな結果となってワッと三度泣き声を立てて出て行った。

居士らしい真面目さが現われており、弓折れ箭《や》尽きた姿であり居士の直心《じきしん》のあらわれでもある。これ以上述べることもない。

○波をたてるもの

居士一日与丹霞行次、見一泓水。士以手指曰、便与麼、也還辨不出。霞曰、灼然是辨不出。士乃戽水、潑霞二掬。霞曰、莫与麼、莫与麼。士曰、須与麼、須与麼。霞却戽水、潑士三掬曰、正与麼時、堪作什麼。士曰、無外物。霞曰、得便宜者少。士曰、誰是落便宜者。

居士、一日丹霞と与《とも》に行く次《とき》、一泓水《おうすい》を見る。士、手を以って指して曰く、「便ち与麼《かく》のごときは、也《ま》た還《かえ》って辨じ出ださず。」霞曰く、「灼然として是れ辨じ出ださず。」士乃ち水を戽《すく》って、霞に潑《はつ》すること二掬す。霞曰く、「与麼《かく》する莫れ、与麼する莫れ。」士曰く、「須《すべか》らく与麼すべし、須らく与麼すべし。」霞却って水を戽って、士に潑すること三掬して曰く、「正《まさ》に与麼なる時、什麼《なに》を作《な》すにか堪えん。」士曰く、「外物無し。」霞曰く、「便宜を得る者は少《まれ》なり。」士曰く、「誰か是れ便宜に落つる者ぞ。」

ある日居士は丹霞と一緒に散策している時、一つの渕を目にした。居士はそれを指さして云った。「この様に広々とした渕ではどうしても見分けがつきませんナ」。広大な水面の圧倒的な一相平等の相に居士は感歎しながら、いささかの違和感も覚えたのであろう。

丹霞も又同じく「いかにも明々白々として見分けがつきませんナ」。

すると居士は手で水をすくって丹霞めがけてパッパッと水を二度かけた。

丹霞は云った「こんなのはいけない、こんなのはいけない」。

すると居士は「こんなでなくちゃ、こんなでなくちゃ」と云ったので、今度は丹霞が水をすくって居士めがけて三回引っかけて云った。「さあこんな時あなたはどう働いてみせられるかナ」。

二人の水での争い、大変面白い。水面波もたたない平等一相の世界から波を起し、しかも他人に水をかける自由自在の差別相をどう受けとめるか、互いに研鑽《けんさん》しあっている。

居士云く「余分な雑物なし。別に何もありませんよ」。

丹霞云く「都合よく水をかける働きをする者はそうはいない。うまく味を占める奴はめったにおらんぞ」。

それに対して居士は「味を占めそこなった奴はどなたですかな」。

「便宜を得るは是れ便宜に落つ」と本文の最後にあるが、便宜を得るとその便宜さで自分の首をくくることである。商人通用の俗語であるが、便利さはその便利さで首をくくる、調子がいいと思っているとアベコベに投げを食うぞ、ご注意！　ご注意！　現代人は小利口な人は多いが、真にその本質を見届けていない。外面的に調子は良いが、芯が通っていないのが現代の姿ではないか。表面上格好はつけるが、内容が伴っていない。ご注意！　ご注意！

百霊和尚との問答

百霊《ひゃくれい》和尚は馬祖道一禅師の法嗣で龐居士との本文での四回の出会いだけがこの人について知られている。伝記未詳。

○力量を得るとは

百霊和尚、一日与居士路次相逢。霊問曰、昔日居士南嶽得力句、還曾挙向人也無。士曰、曾挙来。霊曰、挙向什麼人。士以手自指曰、龐公。霊曰、直是妙徳空生、也讃嘆不及。士却問、阿師得力句、是誰得知。霊戴笠子便行。士曰、善為道路。霊更不回首。

百霊和尚、一日居士と路次に相逢う。霊問うて曰く、「昔日居士が南嶽にて力を得し句、還って曾《かつ》て人に挙向《ここう》せしや。」士曰く、「曾て挙《こ》し来たれり。」霊曰く、「什麼《なん》人《びと》に挙向せる。」士、手を以って自ら指して曰く、「龐公。」霊曰く、「直《たと》い是れ妙徳空生なりとも、也《ま》た讃嘆し及ばざらん。」士却って問う、「阿師が力を得し句、是れ誰か知るを得るや。」霊、笠子《かさ》を戴いて便ち行く。士曰く、「善く道路を為せ。」霊更に首《こうべ》を回《めぐ》らさず。

百霊和尚がある日、居士と道で出会った。するとと百霊が問いかけた。「昔あなたが南嶽の石頭和尚からおかげこうむられた言葉を、今までに人に話されたことはありますか」。居士は答えて「話したことはあります」。百霊「誰に話されました」。するとと居士は自分を指さして云った「この龐さんです」。仏祖への報恩はその人が一番知っておる、あえて聞くまでもないが百霊和尚はその深さを居士に聞いた。案の定、答えは定まっていた。

百霊は居士の報恩底そのものを見とどけて感嘆して「たとい文殊菩薩《もんじゅぼさつ》と須菩提《しゅぼだい》尊者が今ここに現われても、讃嘆しきれますまい」と云った。私達天地自然、仏祖、父母、多くの人々への報恩謝徳を忘れてはならない。

今度は居士が問いかけた。「和尚がおかげをこうむられた言葉は、さて誰が知っていましょうか」。

すると百霊は笠をかぶってさっと歩き出した。

居士は「道中お気をつけて」と云った。

百霊は全く振りかえりもしなかった。

百霊和尚の道力が表われている。つまりおかげをこうむったそのもの自体が歩き出している。それが分っている居士だからこそ「道中お気をつけて」と見送った。

○云えても云えなくても

霊一日問居士、道得道不得倶未免、汝且道未免箇什麼。士以目瞬之。霊曰、奇特更無此也。士曰、師錯許人。霊曰、誰不恁麼、誰不恁麼。士珍重而去。

霊、一日居士に問う、「道《い》い得るも道い得ざるも、倶《とも》に未だ免れず。汝且《しばら》く道え、未だ箇《こ》の什麼《なに》をか免れざる。」士、目を以って瞬《またた》く。霊曰く、「奇特更に此れ無し。」士曰く、「師は錯《あやま》って人を許す。」霊曰く、「誰か恁麼《かく》ならざる、誰か恁麼ならざる。」士、珍重《ちんちょう》して去る。

百霊和尚がある日居士に問いかけた。「云えても云えなくてもどちらも免《まぬが》れない。いったいさて何から免れないのか。ひとつ云ってみなさい」。

居士は目をまばたいた。すばらしい禅機である。

百霊は居士の禅機をたたえて「すばらしい！　またとない働きだ！」と云った。

居士は云った「和尚は私を誤ってよいと評価しておられますぞ」。

すると百霊は「誰でもそうだよ、誰でもそうだよ」と繰り返し叫んだので、居士は「では失礼します」と云って立ち去った。

手放しの百霊の感動を居士は有難く受けとめて、これ以上のほめことばは不要だと云わんばかりに立ち去ったのである。

○どう云うのか

霊一日在方丈内坐。士入来。霊把住曰、今人道、古人道。居士作麽生道。士打霊一掌。霊曰、不得不道。士曰、道即有過。霊曰、還我一掌来。士近前曰、試下手看。霊便珍重。

霊、一日方丈に在って坐す。士入り来たる。霊、把住して曰く、「今人道《い》い、古人道う。居士は作麽生《いかに》道うや。」士、霊を打つこと一掌す。霊曰く、「道わざるを得ず。」士曰く、「道えば即ち過《とが》有り。」霊曰く、「我れに一掌を還し来たれ。」士近前《きんぜん》して曰く、「試みに手を下《くだ》し看よ。」霊便ち珍重す。

百霊がある日、方丈で坐っていると居士が入って来た。

百霊は居士を取っつかまえて云った。「今人も云い、古人も云った。さて居士はどう云う」。

居士は百霊に平手打を一つ食わせた。

百霊は「云わずにただ叩いただけではすまされんぞ。何か云え」。

居士は「云えば罪をおかす」と云うと、百霊は「平手打の償いをしてもらおう」。

すると居士は近くによって「どれ一発やってもらいましょう」と云った。居士は自分の過を認めざるを得なくなってしまった。

そこで百霊「では失礼」と云って決然として問答の打ち切りを示した。

「云う」とはその人の全人格・全存在をかけた発言であることを禅に志す人は知っておくべきである。私達が日常生活の中の会話での「云う」言葉とは根源的に違う。先の丹霞の「仏の一字、永《とこしな》えに聞くことをこのまず」はこの人の末後の一句である。このような一言を今百霊は居士に求めたのである。

しかし居士は云えば罪を犯すことも知っておった。そこを更に百霊は追求したが、居士にとってはあまりにも強い百霊の押しに寄り切られた感がある。百霊は問答を打ち切った。

○眼目とは

居士一日問百霊曰、是箇眼目、免得人口麼。霊曰、作麼免得。士曰、情知、情知。霊曰、棒不打無事人。士転身曰、打打。霊方拈棒起、士把住曰、与我免看。霊無対。

居士、一日百霊に問うて曰く、「是れ箇《こ》の眼目、人の口を免れ得るや。」霊曰く、「作麼《いか》でか免れ得ん。」士曰く、「情《あきら》かに知んぬ、情かに知んぬ。」霊曰く、「棒は無事の人を打たず。」士、身を転じて曰く、「打て、打て。」霊方《まさ》に棒を拈《と》り起《あ》ぐるや、士把住して曰く、「我が与《ため》に免れ看よ。」霊、対《こた》え無し。

居士はある日、百霊に問いかけた。「互いの仏法への眼の根本は人の批判を免れられるでしょうか」。

百霊「免れるものか」。

居士「はっきりと知っています。そうです」。

百霊は「この棒で一発打ちたいところだが、あなたのようなひま人を打つ棒ではない」。

すると、居士はくるりと向きを変えて云った「さあ打て打て」。

百霊が棒を取り上げるやいなや居士は百霊を逆に引っとらえて云った「どれどれ免れてみてもらいましょう」。

百霊は答えなかった。（百霊と居士と互いに主となり客となったやりとりであったが最後は）百霊のおしとやかな一面をこの終末で見たい。

大同和尚との問答

大同普済《だいどうふさい》禅師。石頭希遷禅師法嗣。薬山惟儼禅師と同じく湖南の澧州《れい》で弘法していた。

○ざるの値打ち

居士一日見大同普済禅師、拈起手中笊籬曰、大同師、大同師。済不応。士曰、石頭一宗、到師処氷消瓦解。済曰、不得龐翁挙、灼然如此。士抛下笊籬曰、寧知不直一文銭。済曰、雖不直一文銭、欠他又争得。士作舞而去。済提起笊籬曰、居士。士回首。済作舞而去。士撫掌曰、帰去来、帰去来。

居士、一日、大同普済《だいどうふさい》禅師に見《あ》い、手中の笊籬《そうり》を拈起して曰く、「大同師、大同師。」

済、応《こた》えず。士曰く、「石頭《せきとう》の一宗、師の処に到って氷《こおり》と消え瓦と解《くだ》けたり。」済曰く、「龐翁の挙《こ》するを得ずとも、灼然として此《かく》の如し。」士、笊籬を抛下して曰く、「寧《いず》くんぞ知らん、一文銭にも直《あたい》せずとは。」済曰く、「一文銭にも直せずと雖も、他《そ》を欠くこと又た争《なん》ぞ得ん。」士、舞いを作《な》して去る。済、笊籬を提起して曰く、「居士。」士、首《こうべ》を回らす。済、舞いを作して去る。士、掌を撫《う》って曰く、「帰去来《かえりなん》、帰去来。」

居士はある日大同和尚に会うと、手にしていたざるを持ち上げて「大同和尚、大同和尚」と云った（居士一家が竹細工を作って町に売りにゆき、つつましい生計を立てていた。そのザルをひょいと持ち上げたのは「私はここにこうして生きている」という端的な提示である。この私が今ここで大同和尚と呼んでいるのだと挑戦的な姿勢を感ずる）。

大同は答えなかった。

居士は云った「あの石頭の禅の法灯は和尚のところで雲散霧消しましたな」。

大同は答えた「龐居士翁。あなたに云い出してもらわなくてもはっきりそのとおりさ」と。いまさら指摘されなくても、石頭の禅の宗旨は私の中で影も形もなくなっていますと。過去の禅にとらわれることなく、新しい禅の確立に禅の発展がある。大同の意気雄々たるところである。

居士はざるを投げ出して云った「一文の値打ちもないものだとはこれは驚いたナ」。ざるを投げ捨てたのは、そのざるが一文の値打ちもないものとしてのことである。あなたはあなたの師の法を一文の値打ちもないとして、こういうふうに投げ捨てるのですかと、ざるを抛り投げてみせたのである。

大同は「一文の値打ちもないにせよ、それなしではまた困るのだ」と云うと、居士は踊りながら出ていった。わが意を得たりという喜びの現われである。

大同はそのざるを拾い上げて「居士さん」と呼んだ。「やはり一文の値打ちもないものとして捨てたのかね」。

居士が振り返ると、大同は踊りながら出ていった。

居士は手を叩いて云った「さあ帰ろう、さあ帰ろう」。

大同のこの舞いこそ本懐をとげた人の大喜びの舞いである。ここにおいて居士も又喜びの中でこの問答を終える。

大法の尊さを感ずるのは、師から伝授された時の大歓喜で古来の祖師方は現わしている。大同の舞も又然りである。

○言葉というもの

済一日問居士、是箇言語、今古少人避得。只如老翁避得麼。士応喏。済再挙前話。士曰、什麼処去来。済又挙前話。士曰、什麼処去来。済曰、非但如今、古人亦有此語。士作舞而去。済曰、這風顛漢自過、教誰点検。

済、一日居士に問う、「是れ箇《こ》の言語は、今も古《いにしえ》も人の避け得るもの少《まれ》なり。只だ老翁の如きは避け得るや。」士応喏《おうだく》す。済再び前話を挙《こ》す。士曰く、「什麼《いずれ》の処にか去《ゆ》き来たれる。」済又た前話を挙す。士曰く、「什麼の処にか去き来たれる。」済曰く、「但《た》だに如今《にょこん》のみに非ず、古人にも亦た此の語有り。」士舞いを作《な》して去る。済曰く、「這《こ》の風顛漢自ら過《あやま》つ、誰をしてか点検せしめん。」

大同がある日居士に問いかけた。「言葉というものについては、今も昔もそれを避けきれる人はめったにない。ところで御老人は避けきれますか」。

居士「はあ」と答えた。

大同は同じ問いを繰り返した。

居士は云った。「これまでどこへ行っていたのですか。」と。

大同は又同じ問いを繰り返した。

居士は云った「どこへ行っていたのですか」。

大同は「只今だけでない、古人にもこういう言葉がありましたぞ」。

居士は踊りながら出ていった。

大同は云った「この老人。正常ではないぞ。自分でやらかした過ちを、誰に検証させようというのか」。

「これまでどこへ行っていたのですか」とは、今の現時点の前の時点であなたはどこにいたのかと云うことで、この問いの出所をはっきりしたいとの居士の求めである。大同はあえて一本調子で同じ発問で居士を押してゆき、居士も又一本調子で同じ答えを繰り返す。

居士が「どこへ行っていたのですか」と云ったのは、云うまでもなく「うまく避けきった私の言葉がこれである」ということである。言葉ほど安易なもので難解なものはない。しかし大同は居士の言葉を理解したが故に最後の言葉をはいた。それが「自分でやらかした過ちを、誰に検証させようというのか」である。

○胎内での一句

普済一日訪居士。士曰、憶在母胎時、有一則語、挙似阿師、切不得作道理主持。済曰、猶是隔生也。士曰、向道不得作道理。済曰、驚人之句、争得不怕。士曰、如師見解、可謂驚人。済曰、不作道理、却成作道理。士曰、不但隔一生両生。済曰、粥飯底僧、一任点検。士弾指三下。

普済、一日居士を訪う。士曰く、「母の胎に在りし時、一則の語有りしを憶《おも》う。阿師に挙似《こじ》せん。切に道理を作《な》して主持することを得ざれ。」済曰く、「猶お是れ生を隔てたり。」士曰く、「向《さき》に道理を作すことを得ざれと道《い》えり。」済曰く、「人を驚かすの句、争《いか》でか怕《おそ》れざるを得ん。」士曰く、「師の見解《けんげ》の如きは、人を驚かすと謂うべし。」済曰く、「道理を作さざること、却って道理を作すことを成せり。」士曰く、「但《ただ》に一生両生を隔つるのみならず。」済曰く、「粥飯《じゅくはん》底の僧、一《ひと》えに点検するに任《まか》す。」士、指を弾《はじ》くこと三下《さんげ》す。

大同、一日居士を訪問した。

居士は云った「母の胎内にいましたときの言葉を一つ覚えています。今、和尚に申し上げます。どうか理窟をひねってお受けとりになりませんように。つまり父母来生以前の本来の面目です。本来人の言葉です。絶対の一句」。

大同は云った「また別次元のお話しですな」。

居士「理窟を云ってはいけませんよ、と今云ったばかりですよ」。

大同は云った「居士よ、あなたが最初に私に問いかけた一言つまり母の胎内での言葉は、人を驚かせる言葉で、これを聞いたら怖《こわ》がらずにおれましょうか」。するると居士は云い返した「そう云う和尚の見地こそ人を驚かすというものです」。大同が云った「理窟をこねないということが、実はちゃんと理窟をこねていることですぞ」。居士が先に云った「理屈をこねて受け取らないように」の言葉の逆襲である。すると居士「いかにも仰せの通り、私自身矛盾したところが一つや二つどころでなくありました」。とすなおに告白した。

大同は云った「粥をすすっている一介の僧である生身《なまみ》のこの私、この私の本来人を調べるならどうぞご勝手になされ」と、堅剛な自信である。

すると居士は指を三回弾《はじ》いて、歓喜の感を表わした。

世俗の世界は理論、理窟の世界である。特に現代は何でもすぐに議論しようと話しかける。議論の世界は人が多くいればその人の数だけ理窟は成り立って、結論は出ない。永遠に問題解決は成立しない。

しかし現代人は議論が大好きである。早く云えば、理窟好きである人間独特の頭脳が働くからである。しかし心の安らぎは得られない。だから現代人は又常に不安であり、心の動揺が多い。それを救うのが宗教であり特に仏教である。人間の根本智つまり父母来生以前の本来の面目に立ち返ることが大切である。

これが仏心であり、清浄心であり、大円鏡《だいえんきょう》智《ち》であり、生まれたままの清らかな心であります。ここに迷いも悟りもありません。本来無一物のところであります。複雑な考え、思考、議論すらないところ。ここに到ってはじめて心の安らぎが得られます。

大同和尚と居士との問答はこの点を解決しており、私達もよく理解して先は理窟を捨てることから始めたいものです。理窟を捨てて赤子の心にたち返ろう。そこに心の安らぎがある。

○門を閉じたり開けたり

居士一日去看普済。済見居士来、便掩却門曰、多知老翁、莫与相見。士曰、独坐独語、過在阿誰。済便開門纔出、被士把住曰、師多知、我多知。済曰、多知且置、閉門開門、巻之与舒、相較幾許。士曰、祇此一問、気急殺人。済嘿然。士曰、弄巧成拙。

居士、一日去《ゆ》いて普済に看《あ》う。済、居士の来たるを見るや、便ち門を掩却《えんきゃく》して曰く、「多知の老翁、与《とも》に相見《しょうけん》する莫れ。」士曰く、「独坐独語、過《とが》は阿誰《たれ》にか在る。」済便ち門を開いて纔かに出づるや、士に把住せられて曰く、「師多知なるか、我れ多知なるか。」済曰く、「多知は且《しば》らく置く。門を閉ずると門を開くと、巻くと舒《の》ぶると、相較《たが》うこと幾許《いくばく》ぞや。」士曰く、「祇《た》だ此の一問、人を気急殺す。」済嘿然《もくねん》たり。士曰く、「巧を弄して拙を成せり。」

ある日居士は大同に会いに出かけた。大同は居士がやって来るのを見てさっと門を閉めて云った「物知り爺さん、会いに来てはいけません。今日は会いませんよ」。居士は答えた「独り住いの独り言、さてさて誰の咎《とが》やら」。人を避けて自らを閉ざした生き方をしている過《あやま》ちを一体誰がしているのですかと居士はつき込んだ。大同が門を開けて出ようとしたとたんに居士にとっつかまって「和尚が物知りですか、この私が物知りですかナ」と云った。

大同はこれには応ぜず、「物知りの件はさておいて、門を閉じてみたり開けてみたり、巻いてみたり拡げてみたりどれほどの違いがありますか」と問うた。一般に相対の世界は収斂と展開、語と黙、与と奪。殺と活と両者相入れないところをはっきり見とどけておくことが大切である「展《の》ぶれば則ち法界にあまねき、収むれば則ち糸髪も立せず」(『臨済録』)と示されるように私達の仏心の働きは自由自在に大きくなったり小さくなったりする。そこに何ほどの違いはありましょうか。この心の問題を示した大同の境地を見るべきである。

大同のこのやんわりとした問いに対し、居士は「この一問ばかりには、無性に向っ腹が立つわい」と云った。このきばをむいた感情の丸出し。これも又居士の生地《きじ》である。

大同は相手の感情をそのまま受け入れて黙って感情のおさまるのを待った。するとう「うまく仕組んだのが、まずい仕上がりだ」。居士は告白した。居士自らが自分にとどめを刺した言葉であり、居士自ら頭を下げた。

上手に仕組んだ計画が計画倒れに終ったこの格言。あまりにも複雑な社会に生きる現代人は、つい思考に走って計画通りに物事が進まないこともある。御注意!

「便宜を得るは是れ便宜に落つ」

長髭和尚との問答

長髭《ちょうし》和尚は石頭希遷禅師の法嗣。潭州（湖南）の収県に住した。『祖堂集《そどうしゅう》』や『景徳《けいとく》伝燈録《でんとうろく》』等に問答の記載はあるが伝記不詳。

○主人公の問答

居士到長髭禅師。値上堂、大衆集定。士便出云、各請自検好。髭便示衆。士却於禅床右立。時有僧問、不触主人公、請師答話。髭云、識龐公麼。僧云、不識。士便搊住其僧云、苦哉、苦哉。僧無対。士托開。髭少間却問士云、適来這僧還喫棒否。士云、待伊甘始得。髭云、居士只見錐頭利、不見鑿頭方。士云、恁麼説話、某甲即得、外人聞之、要且不好。髭云、不好箇甚麼。士云、阿師只見鑿頭方、不見錐頭利。

居士、長髭《ちょうし》禅師に到る。値《たま》たま上堂して、大衆集定す。士便ち出でて云う、「各々請うらくは自から検せば好し。」髭便ち示衆す。士却って禅床の右において立つ。時に僧有り問う、「主人公を触《おか》さずして師の答話せんことを請う。」髭云う、「龐公を識るや。」僧云う、「識らず。」士便ち其の僧を搊住《すうじゅ》して云う、「苦哉、苦哉。」僧、対《こた》え無し。士托開《たくかい》す。髭少間《しばらく》して却って士に問うて云う、「適来《さきほど》の這《か》の僧、還って棒を喫するや。」士云う、「伊《かれ》が甘んずるを待って始めて得《よ》し。」髭云う、「居士は只だ錐頭《すいとう》の利を見て、鑿頭《さくとう》の方を見ず。」士云う、「恁麼《かく》のごとく話《わ》を説くは、某甲《それがし》ならば即ち得《よ》きも、外人之れを聞かば、要且《ともか》く好からず。」髭云う、「箇の甚麼《なに》か好からざる。」士云う、「阿師は只だ鑿頭の方を見て、錐頭の利を見ず。」

居士が長髭和尚のところに来ると、丁度上堂説法の時で雲水たちが居並んでいた。居士はさっと列の前に出て「さあ皆さん、めいめい自分をお調べになって下さい」と云った。居士の出しゃばりである。そして仏法の根幹である自己を見つめなさいとまで云ってしまった。

そこで長髭は説法を始め、居士はというと、長髭の禅床の右に立った。その時一人の僧が尋ねた。「どうか、主人公を犯かさず老師の方からお答え下さい」。長髭は云った「この龐居士さんに見覚えがあるかな」。

僧は答えた「ありません」。

すると居士はその僧の胸ぐらをつかんで云った。「なんと情けない奴じゃ」。

僧は言葉がなかった。

居士はこの僧をつき放した。主人公といえば彼の有名な瑞巌和尚《ずいがん》の話を思い出す。瑞巌は自ら大きな声で「主人公」と呼び、自ら「ハイ」と答えた。更に「目を醒ましているか」と自らに問うて、自ら「ハイ、目はちゃんと醒ましていますよ」と答え、更に、「人からだまされるなよ」と念をおして、自ら「ハイハイ」と答えていた。毎日この問答をやっていて自らの主人公の確認をしていた。この自制のすばらしさには頭が下がるのみである。

私達凡夫はどうしても欲望、我見《がけん》がつい頭をもち上げる。その我欲の頭を首からたち切ることが出来るか否かである。私達の本来人つまり主人公を自らめいめい調べる必要があるわけで、居士は説法の前にあえて「みなさんめいめい自分を調べて下さいよ、主人公がおるかどうか説法の前に調べて、各自の主人公で和尚の説法を聞いて下さい」とあえて出しゃばって云ったのである。

これを老婆親切とも云う。しかしこの僧、自分は言葉の上の主人公は知っていたが、かんじんの本来人心中の主人公を体得していなかったので、つい尻尾を出して、こともあろうに「主人公を犯かさず老師の方からお答え下さい」と、あつかましいことを云ってしまった。

しばらくして長髭は居士に尋ねた「さきほどの僧はやはり棒を食らいましたかナ」。

居士は「いや本人が納得してからでなくては」。

居士らしい返答である。棒を行ずるにもその機縁がある。むやみやたらに棒でたたくのが良しとしないのである。禅堂での警策《けいさく》の打ち方もたたかれる側のことも良く知って行じないと人間性否定になる。ここは禅の修行上の最も重要なところである。

居士は僧が痛棒を甘受する心構えと、心機一転の因縁があるかないかをよく見極めてからの痛棒を行ずるのを待っている。ここに実は長髭の厳しさよりも一層深い心境からの痛棒を見たい。同じ痛棒でも意味ある痛棒と無意味な痛棒とある。心機一転開悟への痛棒を禅者は行ずる。

長髭は云った「居士さんは錐《きり》の先の尖《とが》りだけを見て、のみの先の平たさをみていない」と。峻烈も結構だが居士さんは錐の切っ先の尖りだけを見て、のみの刀先の平たさにも別の鋭利さがあることを見ていない。つまり担板漢《たんぱんかん》じゃ。両面を見てゆくことも人を指導していく上では必要である。

すると居士は「その様なご意見は私にならばよろしいが、ほかの人が聞けばどうもまずいですナ」。

長髭は聞いた「何がまずいのですか」。

居士は答えた「老師はのみの先の平たさだけを見て錐の先の尖さを見ておられません」と。居士はあくまでも自分の説、錐の先の鋭さを引っ込めようとしない。老人の頑強さが出てしまった。

又それが居士の良いところで、この両者は本文では記されていないが共に破顔一笑して別れたのではと思うのである。

松山和尚との問答

松山《しょうさん》禅師。馬祖道一禅師の法嗣。（この問答以外は）伝記未詳。

○なぜ言えぬのか

居士同松山和尚喫茶次、士挙槖子曰、人人尽有分、為什麼道不得。山曰、祇為人人尽有、所以道不得。士曰、阿兄為什麼却道得。山曰、不可無言去也。士曰、灼然、灼然。山便喫茶。士曰、阿兄喫茶、為什麼不揖客。山曰、誰。士曰、龐公。山曰、何須更揖。

後丹霞聞、乃曰、若不是松山、幾被箇老翁作乱一上。士聞之、乃令人伝語霞曰、何不会取未挙槖子時。

居士、松山和尚と茶を喫する次《とき》、士橐子《たくす》を挙げて曰く、「人人尽く分《ぶん》有るに、什麼《なに》為《ゆえ》に道《い》い得ざるや。」山曰く、「祇《た》だ人人尽く有るが為に、所以《ゆえ》に道い得ざるなり。」士曰く、「阿兄は什麼為に却って道い得るや。」山曰く、「無言にし去るべからざるなり。」士曰く、「灼然、灼然。」山便ち茶を喫す。士曰く、「阿兄茶を喫するに、什《な》麼《ん》の為《ゆえ》に客に揖せざる。」山曰く、「誰ぞ。」士曰く、「龐公。」山曰く、「何ぞ更に揖するを須《もち》いん。」

後、丹霞聞きて、乃ち曰く、「若し是れ松山にあらずんば、幾《ほと》んど箇の老翁に作乱せらるること一上なりしならん。」士之れを聞き、乃ち人をして霞に伝語せしめて曰く、「何ぞ未だ橐子を挙げざる時を会取《えしゅ》せざる。」

居士が松山和尚と茶を飲んでいた時の話である。

居士は茶托《ちゃたく》を持ち上げて云った。「人はみなそれぞれその分がある。みな仏性を持っていて、仏知見を開示すべき資格を持ちながら、なぜ云えないのですか」。

松山は答えた「人はみなそれがあるからこそ、云えないのだ」。

居士が問うて「ところがあなたが云えるのはなぜですか」。

松山は答えた「だまっているわけにはいかんのだ」。

居士「いかにもいかにも」。

そこで松山が茶を飲むと居士は云った「あなたは茶を飲むのになぜ客に会釈しないのです」。

松山は云った「誰に！」人がみなひとしく本来具有する本来人に、なぜ一々挨拶すべきものかと云わんばかり、一体誰に云うのかと反問したのである。

居士は「この私にですよ」と語気を強めた。

松山は「改めて会釈する必要がどこにあるのかナ」と。松山のとぼけたような受け流しには居士もたじたじである。

後日丹霞和尚はこの話を聞くと「もし松山でなかったら、その老人にひとわたり引き掻きまわされかねないところだ」と云った。

居士はこれを聞くと人を介して丹霞に申し送った。「なぜまだ茶托を持ち上げない時点で把《とら》えないのか」と。茶托を持ち上げない時点とは両人が最初に出会った時、互いに白紙である時、つまり人々の仏性は永遠に具有しているのだから、今さら茶托を持ち上げながら云々する必要もなかった。

○牛はそれを知らぬ

居士一日与松山看耕牛次、士指牛曰、是伊時中更安楽、只是未知有。山曰、若非龐公、又争識伊。士曰、阿師道、渠未知有箇什麼。山曰、未見石頭、不妨道不得。士曰、見後作麼生。山撫掌三下。

居士、一日松山と耕牛を看る次《とき》、士、牛を指ざして曰く、「是れ伊《かれ》は時中更に安楽なるも、只だ是れ未だ有ることを知らず。」山曰く、「若し龐公に非ずんば、又た争《いか》でか伊を識らん。」士曰く、「阿師道《い》え、渠《かれ》は未だ箇の什麼《なに》有ることを知らざる。」山曰く、「未だ石頭に見《まみ》えざれば、道《い》い得ざるを妨げず。」士曰く、「見《まみ》えし後は作《い》麼生《かん》。」山、掌を撫《う》つこと三下す。

居士がある日、松山と共に田を耕している牛を見た時、居士は牛を指さして云った。「牛こそ四六時中人間以上に安らいでおるが、ただ有ることを知らない」。あの牛は黙々として働き何の報いも求めない無功徳行に徹してしかも安らいでいる。それに比べ人間は働けばその報いを求め、あくせくと生きて一層苦しみを増している。人間では真似出来ない生き方であるが、畜生のためにそれが有るを知らない。

有名な趙州《じょうしゅう》和尚がその師、南泉《なんせん》に問うた。「諸仏祖師は有ることを知らない。狸奴《りぬ》白牯《びゃっこ》（たぬきや牛は）却《かえ》て有ることを知ると。ではお聞きします。有ることを知る人は一体どこに行きますか」。

南泉は答えた「寺の門前の一軒の檀家さんの水牛に生まれかわるよ」と。

又南泉は「仏は道が分っていない。私は自ら修行を怠ることなくやる」と繰り返し諭した。仏の道を求めてやまない南泉和尚の求道心である。

松山は云った「もし龐居士さんでなければとても彼を見て取れないところですな。よくまあ、畜生のことがあなたにはわかりますな」。

居士は「松山和尚さん、あれは一体何が有ることを知らないのか、ひとつ云ってみて下さい」。

するると松山「あなたは石頭禅師に参して大力量を身につけておられる。しかし私はまだ禅師に相見《しょうけん》していないので、それが云えなくてもかまいません」と、低姿勢に出た。

すると居士は「相見したらどうなります」。

それを聞いた松山は石頭禅師に相見したらこうだと云わんばかりにパチパチパチと手を三度叩いた。口で、説けないところこれが真理である。仏性を今さらこうだと云っても蛇足である。

○杖のこと

居士一日到松山、見山携杖子、便曰、手中是箇什麼。山曰、老僧年邁、闕伊一歩不得。士曰、雖然如是、壮力猶存。山便打。士曰、放却手中杖子、致将一問来。山拋下杖子。士曰、這老漢前言不付後語。山便喝。士曰、蒼天中更有怨苦。

居士、一日松山に到り、山の杖子を携うるを見て、便ち曰く、「手中なるは是れ箇《かく》の什麼《なに》ぞや。」山曰く、「老僧は年邁《た》けて、伊《それ》を闕《か》きては一歩も得ず。」士曰く、「是の如くなりと雖然《いえど》も、壮力猶《な》お存す。」山便ち打つ。士曰く、「手中の杖子を放《はな》却して、一問を致し将《も》ち来たれ。」山、杖子を抛下す。士曰く、「這の老漢、前言は後語に付《あ》わず。」山便ち喝す。士曰く、「蒼天の中に更に怨苦有り。」

ある日、居士は松山のところに来た。松山が杖を手にたずさえているのを見て、「手の中にあるものは何ですかな」と云った。

松山は答えた「私も年をとったが故に、これなしでは一歩も歩けないのじゃ」。

居士は云った「そうおっしゃってもまだまだお元気ですぞ」。

すると松山は居士を一打ちした。案の定、松山の元気な力が発揮された。

そこで居士は「いかにも和尚がなおお元気であることが分りましたので、この手の中の杖を放して私に問答をしかけて下さい」。

松山は杖を放り出した。松山はすなおに居士の求めに応じた。

すると居士は「このおやじさん、前の言葉と後の言葉とつじつまが合いませんぞ」と云った。つまり松山がこの杖なしでは一歩も歩けないと云いながら、その杖を放り出してもちゃんと大地に立っているのでつじつまが合わないと云ったのである。

即座に松山は大声で一喝した。この一喝は居士に衝撃的な動揺を与えた。

居士は自らの至らなさを認めて「やれやれ嘆きに加えて怨めしさか」と云った。松山にとっちめられた自分に対する、居士の怨めしさである。

○はまる

居士一日与松山行次、見僧択菜。山曰、黄葉即去、青葉即留。士曰、不落黄青、又作麼生。山曰、道取好。士曰、互為賓主也大難。山曰、却来此間、強作主宰。士曰、誰不与麼。山曰、是、是。士曰、不落青黄、就中難道。山笑曰、也解与麼道。士珍重大衆。山曰、大衆放你落機処。

居士、一日松山と行く次《とき》、僧の菜を択ぶを見る。山曰く、「黄葉は即ち去《のぞ》き、青葉は即ち留《のこ》す。」士曰く、「黄青に落ちざるは又た作麼生《いかん》。」山曰く、「道取せば好し。」士曰く、「互いに賓主と為ること也た大いに難し。」山曰く、「却って此間《ここ》に来たって、強いて主宰を作《な》す。」士曰く、「誰か与麼《かく》ならざる。」山曰く、「是《しか》り是り。」士曰く、「青黄に落ちざる、中に就いて道《い》い難し。」山笑って曰く、「也た与麼《かく》道《い》うことを解《よ》くす。」士、大衆に珍重す。山曰く、「大衆は你の落機の処を放《ゆる》す。」

居士はある日、松山と一緒に菜園を歩いていて僧達が野菜の葉をより分けて採っているのを見た。

松山は「黄色い葉は除き、青い葉は残す」と云った。

居士「黄と青とはまらないとはどんなことですかね」。

松山は「ひとつ云ってごらん」。仏の四智は、一、大円鏡智《だいえんきょうち》。二、平等性智《びょうどうしょうち》。三、妙観察智《みょうかんさつち》。四、成所作智《じょうしょさち》である。ここでは、私達日常生活に生きる世界、差別相対の世界での主人公の働き如何が問題になる。第三「妙観察智」が主たる問題で、妙《た》えに全てのものを観察する智慧が、仏心の働きである。黄色と青色とはっきり見分けて、しかもその両者にとらわれなく、その両者の特色をはっきり認識することである。

とかく私達は一方に片寄った見方をする。そのものの存在を十二分に認識した上で、そのものにもとらわれない、自由な心で常にありたい。人間関係又然りであり、一方的に我見を通すだけでなく相手により添い、相手の立場に立ってものを云うことの大切さである。対話の重要性である。今、黄、青のことが両者間での眼前の問題で、この実相《じっそう》を妙観察智すること、善く分別することである。

居士は「互いに主客になるのはやはり至難のことですな」と云った。

松山は「わざわざここまで来て主人公ぶることもあるまい」と云った。いやいや居士さんよ、わざわざ私の所まで出しゃばって来て、強引に主人公ぶりになろうとして肩を怒らしているのではないですか。あなたは互いに主客となるのは至難のわざと云われたが、どうしてどうして大した主人公ぶりではないですかと松山の云い分である。

居士「そうじゃない者がおりますかな」。私だけじゃない、誰でもそうでしょう。「随処に主となれば立処みな真なり」と云うではないですか。違いますか。

するとと松山は「そうですそうです」。松山のすなおな受けとめである。

居士は云った「青と黄に嵌《は》まらないところはなかなか云いにくいです」。賓主の問題を再び最初の青にも黄にもとらわれないという分別の問題へ戻して、その云い難いところを云ってみよと居士は和尚に要求した。

松山は笑って、「しかしそういう云い方はお出来になる」と居士をほめ上げた。居士は自分の問題に対する見解がやはり和尚より劣っていたことに気づき「ではこれにて失礼します」と大衆に向って挨拶した。

すると松山は云った「居士さん、あなたの落ちどを大衆は見逃してやったのですぞ」。相手を制しようと思ってはたらいたことが、結局は自分の足をすくう結果になることを示したこの問答である。日常社会生活の中でも、策を弄して結局は自分の首をしめることがある。ご注意、ご注意。

○物差しとは！

一日松山与居士話次、山驀拈起案上尺子云、居士還見麼。士曰、見。山曰、見箇什麼。士曰、松山。山曰、不得道著。士曰、争得不道。山乃抛下尺子。士曰、有頭無尾得人憎。山曰、不是、翁今日還道不及。士曰、不及甚麼処。山曰、有頭無尾処。士曰、強中得弱即有、弱中得強即無。山把住居士曰、這箇老子、就中無話処。

一日、松山、居士と話《かた》る次《とき》、山は驀《にわ》かに案上の尺子を拈起して云う、「居士還って見るや。」士曰く、「見る。」山曰く、「箇の什麼《なに》を見るや。」士曰く、「松山。」山曰く、「道著するを得ざれ。」士曰く、「争《いか》でか道《い》わざるを得ん。」山乃ち尺子を抛下《ほうげ》す。士曰く、「頭有って尾無きは人の憎しみを得。」山曰く、「是《しか》らず、翁は今日還って道い及ばず。」士曰く、「甚麼《なん》の処に及ばざる。」山曰く、「頭有って尾無き処に。」士曰く、「強き中に弱きを得るは即ち有れども、弱き中に強きを得るは即ち無し。」山、居士を把住して曰く、「這箇《こ》の老子、中に就いて話《かた》る処無し。」

ある日、松山は居士と語り合っていた時、急に机の上の物差しを取り上げて云った。「居士さん、これが見えますか。どう見てとれるか」。居士「見えます」。

松山「何が見えますか」。

居士は云った「松山」。

するとと松山は「云い当ててはなりません」。松山というものを名ざしては法にそむく訳である。それは松山とも云えるし、松山ではないとも云える。仏とも云えるし、仏でないとも云える。一つの言葉に限定出来ないものである。何故ならば、口で云えば即ち過《とが》有りである。

居士「云わずにおれますか」。

松山はそれを聞いて物差しを放り投げた。居士の強固さに圧倒された松山に物差しは不用になったのである。

そこで居士は「頭だけで尾のないのは嫌われますよ」。

すると松山は云った「いやいや御老人は今日はまだ云い足りてはおられません」。

居士「どこが足りていないのか」。居士として完全に云い足りておると思っていたので、このような言葉が出る。

すると松山は「頭だけで尾のないところに」。

居士は云った「強さの中に弱さが見つかることがあっても、弱さの中に強さが見つかることはないですぞ」。実力がありながら実力のないように見せるのは誰でも出来る。しかし居士は実力がないように見せても本当は実力がある。この私こそ、謙虚の中に本当の実力はありますよと居士は居直る。

松山は居士をひっとらえて云った「この狸おやじめ！　とりわけ話のしようのない奴だ」。

この両人、遠慮なく相手の心の奥の奥まで互いに入り込んで問答し合っている。又互いにその軽妙なタッチでユーモアを入れての禅問答であり、立い振る舞い、言葉のあや等、見事なものである。定型化した後世の禅問答には見られない自由さが溢れている。

本谿和尚との問答

本谿《ほんけい》和尚。馬祖の法嗣。居士と法の上での兄弟。伝承不明。

○人の長短

居士問本谿和尚、丹霞打侍者、意在何所。谿曰、大老翁見人長短在。士曰、為我与師同参、方敢借問。谿曰、若恁麼、従頭挙来、共你商量。士曰、大老翁不可説人是非。谿曰、念翁年老。士曰、罪過、罪過。

居士、本谿和尚に問う、「丹霞の侍者を打ちしは、意は何所《いずく》に在りや。」谿曰く、「大老翁、人の長短を見る！」士曰く、「我れ師と同参なるがために、方《まさ》に敢えて借問《しゃもん》す。」谿曰く、「若し恁麼《かく》ならば、頭《はじめ》より挙《こ》し来たれ、你と商量せん。」士曰く、「大老翁は人の是非を説くべからず。」谿曰く、「翁の年老いたるを念《おも》う。」士曰く、「罪過、罪過。」

居士が本谿和尚に問いかけた。「丹霞和尚が侍者を打ったのはどこに狙いがあったのでしょうかナ」。この丹霞が侍者をなぐった記録はないが、入矢義高先生の説では南陽《なんよう》慧忠《えちゅう》国師だとのことである（詳しくは『龐居士語録』一二五頁参照）。

本谿は云った「長老ともあろうお方《かた》が人のあら探しをなさるとは如何なものでしょうか」。昔から家族の言動についてはその家の長たる者は見て見ぬふりをし、聞いても聞かないふりをし、一切口出しをしないことであると、どこの社会でもその長たる者以上のようなことを心掛けておくべきだと、小さい頃から師父より話を聞かされたものである。

ここでは「侍者のどのような過《とが》が責められたのか」などと、人の長短を気にするのはご老人らしくありませんと本谿は云っておるのである。重箱のはしを爪楊枝《つまようじ》の先でつつき出すことはやめましょう。

するると居士は「私と和尚と同じく馬祖禅師の下で修行していた仲ですから、思いきってお尋ねを致しました」と答えた。

すると本谿「ならば話のいきさつを詳しく云って下さいよ。御一緒に吟味しましょう」。居士は落ち着いて云った「長老という人は人のことをとやかく云うものではありません」。

人間にとってとかく話題になることは人のあらを話すことである。現代テレビでの興味ある番組は、この人がこんなことをした、あの人があんな失敗をしたなど人の悪口をいかにも大げさにおもしろく伝えることに必死であり、視聴者もそれを大変喜ぶなげかわしい時代である。

求道者、僧侶の基本的な心得の一つが、人の悪口を云わないことで、釈尊の十戒のなかにも含まれていて、出家する時必ず「護《まも》ります」と仏様に誓うのである。臨済禅師も「もし真正の学道人ならば、世間の過《とが》を求めず」と『臨済録』に記してある。人のあらさがしをしないのが真の求道者である。

本豁は云った。「お年を召しておられることだし、無理からぬことです」とやんわりと相手を包みこむように一応受けとめた。

それ対し居士は「相済みませんでした。悪うございました」とすなおに詫びたのである。自分の非を現代人は認めることがむつかしい。それは自我を主張する現代思想なるが故である。すなおに自己の非を認めれば争いごとは起らない。平和な日常生活がおくれる。そのような時代を互いに願い、自己主張を少しでもなくそう。それが無我をとく仏法である。

○一円相の騒動

本豁一日見居士来、乃目視多時。士乃将杖子画一円相。豁便近前、以脚踏。士曰、与麼、不与麼。豁却於居士前、画一円相。士亦以脚踏。豁曰、与麼、不与麼。士拋下拄杖而立。豁曰、来時有杖、去時無。士曰、幸自円成、徒労目視。豁拍手曰、奇特、一無所得。士拈杖子便行。豁曰、看路。看路。

本谿、一日居士の来たるを見るや、乃ち目視すること多時。士乃ち杖子《つえ》を将《も》って一円相を画く。谿便ち近前して、脚を以って踏む。士曰く、「与麼《かく》なるや、与麼ならざるや。」谿却って居士の前に於て一円相を画く。士亦た脚を以って踏む。谿曰く、「与麼なるや、与麼ならざるや。」士、拄杖《つえ》を抛下して立つ。谿曰く、「来たりし時は杖有り、去る時は無し。」士曰く、「幸自《さいわい》に円成《えんじょう》せり、徒らに目視を労す。」谿、手を拍《う》って曰く、「奇特なり、一も得るところ無し。」士、杖子を拈《と》って便ち行く。谿曰く、「看路、看路。」

ある日一日居士がやって来たのを見るやしばらくじっと目を注いだ。するど居士は杖で地面に円相を一つ描いた。本谿はさっと進み出て足で踏みつけた。本谿はつまらぬことをするな、何が一円相だ、これが仏法真理の本性で、あなたにとって最上究極のものとして認めるならば、それも又迷いだ、仏魔にとらわれた本心を捨てよとばかり、足で踏んだのである。何の価値もないぞ、ここに真の姿が示されているのを見てとることである。禅機が十分に示された。

新

すると居士は「そうなるのか、そうでないのか」と云った。本谿和尚の円相そのものの否定を、居士はそうなのかと受け入れたか、或はそうではないのか、受け入れないのか。どちらかと云うのである。

すると今度は本谿が居士の前に一円相を一つ描いた。

居士はそれを足で踏みつけた。

本谿は云った「そうなのか、そうではないのか」と。

すると居士は杖を放り出して立った。この通り何ものにもとらわれない本来無一物のところだと云わんばかりである。

しかし本谿はさらりと受け流し「来た時は杖があったが、行く時はないですな。杖なくして大丈夫ですか」と居士を心配しながら云った。

すると居士は「いや実に見事なやりとりですな。ただじっと目を注いでも無意味ですぞ。心配無用じゃ、この通り大丈夫だ。足もとはしっかりしておるゾ」。

本谿は手を叩いて云った「すばらしい、自由自在な働きを拝見出来る。人間本来の姿そのままじゃ」。

居士は杖を拾うとさっさと出て行った。

その姿を見た本谿は「道中お気をつけて、お気をつけて。御安泰を祈っていますよ」。

―閑話休題―

或る時、親戚の独り住いの爺さんが杖をついてよぼよぼとやって来た。

以前はかくしゃくとしていた爺さん、老いたものだとじっと見つめていると、爺さんは「わしも年をとってとうとう杖がいるようになったよ。色々とお世話になるよ、よろしく」。

「そうですか、見たところお元気そうで、杖など要らないでしょう。格好つけているのでしょう」。

案の定、杖を捨てて一人立ちをした。

それを見た甥が「やはり杖なしで十分お歩きになる。お元気な証拠です」と。

爺さんは「私のことを気づかってくれて有難う。この通り元気でまだまだ長生きするよ。今日お前さんに会えて元気がついて、よい日だった」と云うと、甥が「お見事お見事。杖なくしてまだまだ独り住いを続けて下さい。それが長生きの「こつ」ですよ」。

爺さんは杖を拾って来た時と同様に、同じ道を歩いて帰っていった。甥がお見送りして「お気をつけて。途中、自動車、自転車、人とぶちあたらない様にお帰り下さい」。

若い甥と爺さんとの久方ぶりの出会いを楽しみ、且つ元気づけあった会話である。老人社会の現代、親しみある会話の一つである。

大梅和尚との問答

大梅《だいばい》禅師。明州大梅山法常禅師。荊州玉泉寺《けいしゅうぎょくせんじ》にて受戒。諸方を遊歴し馬祖道一禅師に参し「仏とは何か」と問うて「即心即仏」（心こそが仏である）との答えで大悟した。後に天台山の中大梅山奥深くに居を定めた。

師の馬祖はこのことを聞いて一僧を遣わして大梅に問わせた「和尚は馬大師から何をつかんでこの山に住まわれることになりましたか」と。大梅は答えた「大師は私に即心即是仏と申されて、ここに住むことになりました」。僧は「大師の仏法は近ごろ変わりました」と云うと、大梅の「どう変わった」との問いに対し、僧は「近ごろは非心非仏と申されています」と。

大梅は「このおやじ、いつまで人を惑わせるつもりだ。たといお前さんが非心非仏だろうとわしは即心即仏で行くだけだ」と云ったと。
この僧がこれを馬祖大師に報告すると、馬祖は云った「梅の実は熟した」と。この話は当時有名となり、大梅の下に修行者が多く集まる。八十八歳にて遷化。

○梅の食べ方

居士訪大梅禅師。纔相見便問、久嚮大梅、未審梅子熟也未。梅曰、你向什麼処下口。士曰、百雑砕。梅伸手曰、還我核子来。

居士、大梅禅師を訪う。纔かに相見《まみ》ゆるや便ち問う、「久しく大梅を嚮《あお》ぐ、未だ審《し》らず梅子熟せるや未《いな》やを。」梅曰く、「你什麼《なんじいずれ》の処に向かって口を下《くだ》すや。」士曰く、「百雑砕《ひゃくざつさい》。」梅、手を伸ばして曰く、「我れに核子を還し来たれ。」

居士が大梅和尚を訪れたとき、相見するやいなや、問いかけた。「かねてから一度お会いしたいと景慕しておりましたが、梅の実は熟しておりましょうか」。居士として世間では馬祖より印証を受けたとの噂であるが、本当にそうなのか自分の目で確かめてやろうとの意である。

すると大梅は「お前さんどこから口を付けるのかな」と云った。大梅は自分から「熟している」とは答えるつもりはない。又答える程うぬぼれていない。「この私をどこからかぶりつくのか。お前さんこの私をどう食ってみせるのか」と答えた。大梅としては居士さん、ひとつお手並みを拝見しましょうと云わんばかりである。

これに対して居士は「百雑砕《ひゃくざつさい》――この梅の実をパリパリと噛み砕いてバラバラにして吐き散らしてやる」と答えた。居士としてはその禅機を表わした。

しかし大梅はその上を行く、一以って之を貫く大梅の心境である。たとえ師が非心非仏と云っても私は即心即仏である、この不動心の大梅の破砕され得ないその人を熟視したい。大梅は手を伸ばして云った。「核子《さね》を還してもらおう。居士さん、あなたが必死になって噛み砕いても噛みくだけない核を還してもらおう」。

核は仏性である。仏性はくだけない永遠な存在者である。それはめいめいが具有しているものである。それをここに差し出してもらおう。

どうやらこの勝負は大梅に軍配は上がった。

大毓和尚との問答

芙蓉山大毓《ふようさんだいいく》禅師は馬祖道一禅師の法嗣。十二歳で出家。長安の安国寺で受戒した。馬祖禅師に参し嗣法し毘陵《びりょう》の芙蓉山に住し弘法した。世寿八十歳。

○供養の受け方

居士到芙蓉山大毓禅師処。毓行食与居士。士擬接、毓縮手曰、生心受施、浄名早訶。去此一機、居士還甘否。士曰、当時善現、豈不作家。毓曰、非関他事。士曰、食到口辺、被人奪却。毓乃下食。士曰、不消一句子。

居士、芙蓉山大毓《だいいく》禅師の処に到る。毓、食を行《ぎょう》じて居士に与う。士接《う》けんと擬《す》るや、毓、手を縮《ひ》いて曰く、「心を生じて施《せ》を受くるは、浄名早《じょうみょうつと》に訶《か》す。此の一機を去ること、居士還って甘んずるや。」士曰く、「当時善現《ぜんげん》は、豈《あ》に作家《さっけ》ならずや。」毓曰く、「他《かれ》の事に関わるに非ず。」士曰く、「食、口辺に到って、人に奪い却《さ》らる。」毓乃ち食を下《くだ》す。士曰く、「一句子《いっくす》をも消《もち》いず。」

居士が芙蓉山の大毓和尚のところへ来た時、大毓は居士に供養を差し出した。居士がそれを受け取ろうとすると、大毓は手を引っこめて云った。「ある想念をもって供養を受けることは維摩《ゆいま》が夙《つと》に叱責したところだが、いま私がこの問題点をはずしてしまうならば、居士さんは喜んで同調されますかナ」。『維摩経』の弟子品の須菩提《しゅぼだい》の条にある話をここに記しておく。

須菩提が維摩の家に行って食を乞うたとき、維摩は彼の鉢の中に飯をいっぱい入れてから「さて汝がこの施食《せじき》を受け取り得るためには、かくかくでなくてはならない」と云って、その在り方を列挙したそのなかに「想念を持った汝に施す者は福田《ふくでん》とは名づけず、想念を持った汝に供養する者は三悪道に堕するであろう」とある。

居士は云った「あの時善現《ぜんげん》はなかなかのやり手でしたな」。善現とは須菩提のことで、空《くう》のことを理解する点では第一人者であった。

大毓は「善現の話ではありませんぞ、私はあなた居士さんに聞いているのです」と云うと、居士は「口のところまで来た食べ物が人に取られてしまった」と云ったので、大毓は食事を差し出した。

居士は「ひとことも文句はいりませんぞ。もうおかまいなく」。

供養をうけるには雑念は不必要であり、無心で有難く受けることが大切である。つい凡人は雑念が入る。無我にて供養をうける、頂戴する。常に三輪《さんりん》清浄《しょうじょう》である（三輪清浄とは、施主は無心で布施をする。受ける者は無心で頂戴する。その施物は勿論無心である。三者が自然法爾《じねんほうに》の姿である）。

○真空のところ

士又問毓曰、馬大師著実為人処、還分付吾師否。毓曰、某甲尚未見他、作麼生知他著実処。士曰、祇此見知、也無討処。毓曰、居士也不得一向言説。士曰、一向言説、師又失宗。若作両向三向、師還開得口否。毓曰、直是開口不得、可謂実也。士撫掌而出。

士又た毓に問うて曰く、「馬大師の著実《ちゃくじつ》の為人《いにん》の処は、還って吾が師に分付せるや。」毓曰く、「某甲《それがし》は尚《な》お未だ他《かれ》に見《あ》わず、作麼生《いかで》か他の著実の処を知らん。」士曰く、「祇《た》だ此の見知こそは、也《ま》た討《たず》ぬる処無し。」毓曰く、「居士も也た一向《いちず》に言説することを得ざれ。」士曰く、「一向に言説せば、師又た宗を失わん。若し両向三向を作《な》さば、師還って口を開き得るや。」毓曰く、「直是《まさ》に口を開き得ざる、実と謂うべし。」士、掌を撫《う》って出づ。

居士はさらに大毓に問いかけた。「馬大師が人を導き教化するためのかんどころを、和尚に伝授されましたか」。

大毓は答えた「私はまだ馬大師には会っておりません。したがってそのかんどころなんぞ知るわけはありません」と。これは禅の悟りそのものを抹消した姿である。法を得ることもない、悟りもないと、全て否定したここに、大毓の本領が出ている。

居士は「まさにその見解こそはどこにも見当らないです」と讃歎した。「それでこそ馬大師の法をうけた方の御言葉です」。

大毓は云った「居士さん、一途なあげつらいほめ言葉はおやめなさい」。

居士は更に言葉を続けた「私が一途にあげつらおうとするならば、和尚の方は御自身が依って立つ根本が崩れ去りますよ。更に私が突き込んでほめ言葉を云うと、和尚さん口をきくことが出来ますか」。

大毓は居士に向って口をきくことが出来ないところを云った「その口もきけないところがつまりかんどころなのだ、真実は一路であるよ」。

居士はお見事お見事と云わんばかり、手を拍いて出て行った。居士は自ら大毓和尚に敗北したことに満足している姿も立派である。

則川和尚との問答

則川《そくせん》禅師。馬祖道一禅師の法嗣。蜀の人。伝記不詳。龐居士と同様に石頭希遷禅師に参じた期間が同じ時であった。

○老と健

居士相看則川和尚次、川曰、還記得初見石頭時道理否。士曰、猶得阿師重挙在。川曰、情知久参事慢。士曰、則川老耄、不啻龐公。川曰、二彼同時、又争幾許。士曰、龐公鮮健、且勝阿師。川曰、不是勝我、祇欠汝箇幞頭。士拈下幞頭曰、恰与師相似。川大笑而已。

居士、則川《そくせん》和尚と相看《あいみ》し次《とき》、川曰く、「還って初めて石頭に見《あ》いし時の道理を記得《きとく》するや。」士曰く、「猶《な》お阿師の重ねて挙《こ》するを得たり。」川曰く、「情《あき》らかに知る、久しく参ずれば事《こと》慢ずることを。」士曰く、「則川の老耄《ろうもう》は、啻《ただ》に龐公のみにあらず。」川曰く、「二彼《にひ》時を同じくす、又た幾許《いくばく》をか争わん。」士曰く、「龐公は鮮健、且《しば》らく阿師に勝《まさ》れり。」川曰く、「是れ我れに勝れるにあらず、祇《た》だ汝の箇の幞頭《ぼくとう》を欠くのみ。」士、幞頭を拈《と》り下《お》ろして曰く、「恰《あたか》も師と相似たり。」川、大笑するのみ。


龐居士が則川和尚と相見した時、則川は云った「初めて石頭禅師に相見した時の因縁を覚えておられますか」。

居士は答えた「またしても和尚からその話を持ち出されるとは」。

則川は云った「いや、長いこと参禅しておると、万事ぼけてくるもんだ、とつくづく思い知らされたものでな」。

居士「則川和尚、あなたの老いぼれぶりは、この私どころではありませんな」。

則川は云った「いや私達二人の人間は、同世代で、いくらも違いはしていないよ」。

居士は云った「この私の元気さは、まあ和尚より上ですな」。するとと則川は云い返した「あなたが私より元気いっぱいで勝れているのではない。ただあなたの帽子が私にないというだけの話さ」。

するとと居士は帽子をぬいで云った「それ、ご覧の通り和尚とそっくりですぞ」。則川は大笑いしてしまった。姿において在俗のままの居士と出家した僧との区別はあるが、法そのものには俗人と僧との区別はない。

○法界は身を容れない

一日則川摘茶次、士曰、法界不容身、師還見我否。川曰、不是老僧、洎答公話。士曰、有問有答、蓋是尋常。川乃摘茶不聴。士曰、莫怪適来容易借問。川亦不顧。士喝曰、這無礼儀老漢、待我一一挙向明眼人。川乃抛却茶籃、便帰方丈。

一日、則川茶を摘む次《とき》、士曰く、「法界《ほっかい》は身を容《い》れず、師還って我れを見るや。」川曰く、「是れ老僧にあらずんば、洎《ほと》んど公の話《わ》に答うるならん。」士曰く、「問い有り答え有るは、蓋《けだ》し是れ尋常なり。」川乃《すなわ》ち茶を摘みて聴かず。士曰く、「怪しむ莫れ、適来《さきほど》容易に借問《しゃもん》せることを。」川亦た顧みず。士喝して曰く、「這《こ》の礼儀無きの老漢、我が一一明眼の人に挙向《ここう》するを待て。」川乃ち茶籃を拋却し、便《ただち》に方丈に帰る。

ある日、則川が茶を摘んでいた時、居士が云った。「法界《ほっかい》は身を容れないと、法界がそのまま仏の法身《ほっしん》そのものである以上、そこになんとかの身を入れることは出来ないが、さてあなたはその中に私をみつけられますかな」。なかなかの難問である。

それに対して則川は「もし私でなかったら、あなたの問についのって答えてしまうところだろう」。

居士は云った「問いがあれば、答えがあるというのが常の習いかと思いますがな」と下手に出て答えを催促している。「和尚それではいささか素《そ》っ気《け》なさすぎはしませんか」。

ところが則川は茶を摘むばかりで耳も貸さない。

居士はそこで「さきほどはおいそれとお尋ねして、どうか悪しからず」と。こんな質問をおいそれと持ち出して申し訳ありませんと反省しての言葉。

則川はやはり一切かまいつけない。

居士は大声で怒鳴《どな》って云った「この無礼なおやじめ、この子細を具眼の士に告げてやるぞ」。居士としては自分の問いに一切答えようともしない則川和尚の態度に大いに不満をもって、この決別に第三者「明眼の人」にゆだねようとした。

これに対して則川は断乎たる決絶をして、茶摘み籠を放り出してさっと方丈に帰ってしまった。問答無用じゃと云わんばかりの則川の禅機である。

○主と客と

川一日在方丈内坐。士来見曰、只知端坐方丈、不覚僧到参。時川垂下一足。士便出、三両歩却回。川却収足。士曰、可謂自由自在。川曰、我是主。士曰、阿師只知有主、不知有客。川喚侍者点茶。士乃作舞而出。

川、一日、方丈の内に在《お》いて坐す。士来たりて見て曰く、「只だ方丈に端坐することをのみ知って、僧の到り参ずるを覚《さと》らず。」時に川、一足を垂下す。士便ち出で、三両歩にして却回《きょうい》す。川却って足を収む。士曰く、「自由自在と謂《い》うべし。」川曰く、「我れは是れ主なり。」士曰く、「阿師は只だ主有ることをのみ知って、客有ることを知らず。」川、侍者を喚《よ》んで茶を点ぜしむ。士乃ち舞いを作《な》して出づ。

ある日則川が方丈の内で坐っていると居士が会いに来て云った。「方丈でただ坐ることだけで満足していて僧がやって来ているのもお気付きでない」。

その時、則川は片足を垂らした。

居士はさっと出て行って、二、三歩して引き返してきた。

則川はその足を今度は引っこめた。

居士は云った「なんと自由自在なお振舞い！」。居士の手放しの感嘆。「終始無言でよくもまあ、すばらしい」。

ここではじめて則川は口を利《き》いた「わしは主人じゃぞ」。

すかさず居士は云った「和尚は主人であることを心得ているだけで客があることを御

存知ない！」。

すると則川は侍者に「茶を入れてこい」と命じた。

居士はそれを聞いて踊りながら出ていった。

居士は茶を飲む気はさらさらない。ただ飲まない茶の味に酔って喜んで出て行った。

主と客と互いの立場を理解しあった一風景でもある。

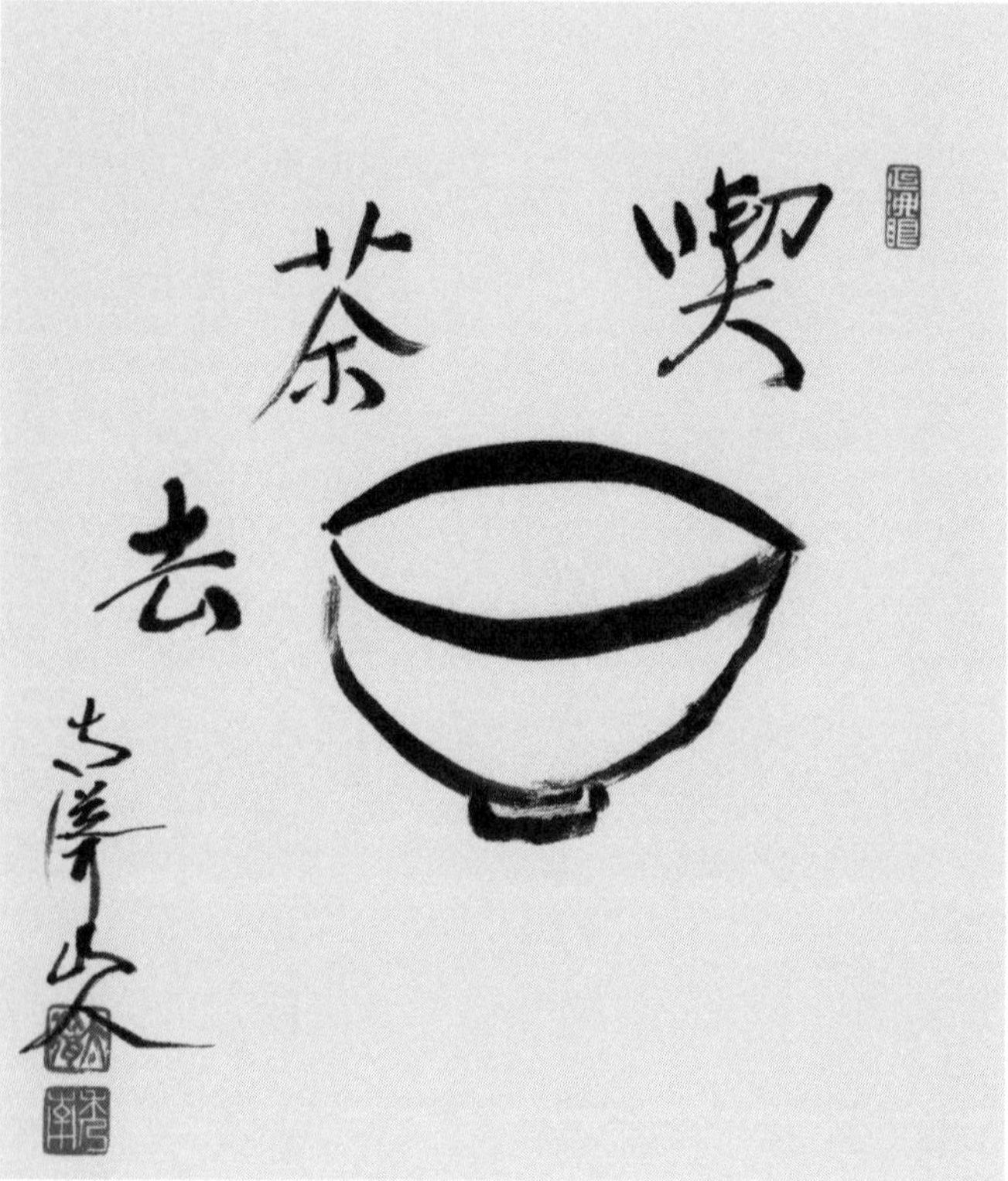
喫茶去

洛浦和尚との問答

洛浦《らくほ》禅師。伝記未詳。

○暑い時、寒い時の挨拶

居士到洛浦禅師、礼拝起曰、仲夏毒熱、孟冬薄寒。浦曰、莫錯。士曰、龐公年老。浦曰、何不寒時道寒、熱時道熱。士曰、患聾作麼。浦曰、放汝二十棒。士曰、瘂却我口、塞却汝眼。

居士、洛浦《らくほ》禅師に到り、礼拝して起《た》って曰く、「仲夏は毒熱、孟冬は薄寒。」浦曰く、「錯《あやま》る莫れ。」士曰く、「龐公は年老いたり。」浦曰く、「何ぞ寒き時には寒しと道《い》い、熱き時には熱しと道わざる。」士曰く、「聾《ろう》を患《わずら》って麼《なに》か作《せ》ん。」浦曰く、「汝に二十棒を放《ゆる》す。」士曰く、「我が口を瘂却《あきゃく》し、汝の眼を塞却《そくきゃく》す。」

龐居士は洛浦和尚のところに来ると礼拝してから立ち上がって云った。「煎《い》りつくような暑さの真夏、薄ら寒い初冬でございます」。この挨拶は当時一般に用いられた時候の挨拶の決まり文句を二つ並べたものである。

すると洛浦は「おっと間違っていますぞ」と云った。

居士は「この私は年を取っていますからナ」。

洛浦は云った「寒い時には寒いと云い、暑い時は暑いと云ったらどうですか」。ごくあたり前の心で自然気候をながめて云えばいいのではとの洛浦の助言である。当時のありきたりの言葉での挨拶ではおもしろくもない。

居士は云った「この老人の言葉が聞こえなかったのか」と反問する。

洛浦は「二十棒をお前さんに食わせたいところだが、お年寄りだからやめておこう」と云った。

居士は「とうとうこの私の口を不自由にさせ、あなたの眼は蓋をされているナ」。そう云われたら私は何も云えない。口を閉ざされて了《しま》った。ひどい人だ。しかしあなたの眼はどうだ。自分で目を閉じているではないか。二人して「三種病人」だ。まことに情けない二人の姿である。

石林和尚との問答

石林《せきりん》和尚。馬祖道一禅師の法嗣。伝記不詳。

○拳骨の示すところ

石林和尚見居士来、乃竪起払子曰、不落丹霞機、試道一句子。士奪却払子、却自竪起拳。林曰、正是丹霞機。士曰、与我不落看。林曰、丹霞患瘂、龐公患聾。士曰、恰是。林無語。士曰、向道偶爾。林亦無語。

石林和尚、居士の来たるを見るや、乃ち払子《ほっす》を竪起《じゅき》して曰く、「丹霞の機に落ちずして、試みに一句子《いっくす》を道《い》え。」士、払子を奪却し、却って自ら拳《こぶし》を竪起す。林曰く、

「正に是れ丹霞の機なり。」士曰く、「我が与《ため》に落ちず看よ。」林曰く、「丹霞は瘂を患い、龐公は聾を患う。」士曰く、「恰《あたか》も是《しか》り。」林、無語。士曰く、「向《さき》に道いしは偶爾《ぐうじ》なり。」林亦た無語。

石林和尚は居士がやって来るのを見ると払子を立てて云った。「丹霞和尚の機用《はたらき》にとらわれずに一句云ってみなさい」。居士が丹霞和尚と肝胆相い照らす道友であること知っての質問である。「丹霞の禅をとび越えて一句云ってごらん。あなた自身の境涯を示して下さい」と問うたのである。

すると居士は払子を引ったくり、こんどは自分の拳骨をおっ立ててみせた。

石林はそれを見て「それこそ丹霞の禅機だ」と云った。

居士は「では石林和尚、あなたの禅をここに提示して下さい」と云った。

石林は「丹霞はそれを説くことが出来ない。居士はそれを説いても聞く耳を持たない」と云った。石林は自分の禅機を呈示することを避けて丹霞と居士の禅を批判することでその質問に代えて答えた。

居士は「そうだそうだ」。
石林は無言、つまり分れば良いさと云わんばかりである。
すると居士は云った「さっき云ったのは、ひょいとそう云ったまでさ」。
やはり石林は無言であった。二の句三の句はもう無駄である。

○言句を惜しむな

林一日問居士、某甲有箇借問、居士莫惜言句。士曰、便請挙来。林曰、元来惜言句。
士曰、這箇問訊、不覚落他便宜。林乃掩耳。士曰、作家、作家。

林、一日居士に問う、「某甲《それがし》に箇《ひとつ》の借問《しゃもん》有り、居士、言句《ごんく》を惜しむ莫れ。」士曰く、「便ち挙《こ》し来たらんことを請う。」林曰く、「元来言句を惜しめり。」士曰く、「這箇《こ》の問訊《もんじん》、覚えず他《かれ》の便宜に落ちたり。」林乃ち耳を掩《おお》う。士曰く、「作家《さっけ》、作家。」

ある日、石林が居士に問いかけた。「ひとつお尋ねしたいことがあります。どうか居士さん、言句《ごんく》を惜しまれないように」。居士は云った「どれお伺いしましょう」。石林は云った「さては言句を惜しんでおられる」。石林の機峰の鋭さ、禅の本領がいきなり真向から示された。なんだ、もう言句を惜しんでおられる。居士は云った「この問いかけには、ついうまくハメられてしまったわい。つい和尚にうまくしてやられてしまった」。

すると石林は両手で耳を覆った。もう聞きたくないとの石林の態度である。すると居士は云った「さすがはやり手だ、さすがはやり手だ」と。居士の石林和尚への深い共感をこめた讃歎である。石林の生まれつきの勝れた資質に対しての讃美の言葉として受けとめたい。

○口あれども物云えず

林一日自下茶与居士。士纔接茶、林乃抽身退後曰、何似生。士曰、有口道不得。林曰、須是恁麼始得。士払袖而出曰、也太無端。林曰、識得龐翁了也。士却回。林曰、也太無端。士無語。林曰、你也解無語。

林、一日自ら茶を下《くだ》して居士に与う。居士纔かに茶を接《う》けんとするや、林乃ち身を抽《ひ》いて退後《しりぞ》いて曰く、「何似生《いかん》。」士曰く、「口有れども道《い》い得ず。」林曰く、「須是《すべから》く恁麼《かくのごと》くして始めて得《よ》し。」士、袖を払って出でて曰く、「也《ま》た太《はなは》だ無端。」林曰く、「龐翁を識得し了れり。」士、却回《ひきかえ》す。林曰く、「也《ま》た太だ無端。」士、無語。林曰く、「你也た解《よ》く無語なり。」

ある日、石林は自分で居士に茶の接待をした。茶を受け取ろうとするや、石林はスイと身をうしろに引いて云った「さあ、どうです」。ここで先の、大毓和尚との問答の維《ゆい》摩《ま》居士と、食を乞いに来た須菩提《しゅぼだい》に布施した三輪清浄の話を想起して下さい。「口あれども物云えずですな」と居士は云った。居士はありのままに自らを須菩提とし て据えている。

石林は云った「そうでなくてはならない」。石林は居士のその在り方を是認した言葉である。
すると居士はぱっと袖《そで》を飜《ひるがえ》して出て行きながら云った「和尚ふざけたまねを！」。
すると石林は「居士さんのこころを見て取ったゾ」。
居士が取って返すと、石林は云った「居士ふざけたまねを！」。
居士は無言。
すると石林は「ほう、無言も堂に入ってますナ」と云った。
茶を喫する中にも二人の問答の面白さがあり、心が安まる問答の一列である。

仰山和尚との問答

仰山《ぎょうざん》和尚。潙山《いさん》の法嗣。仰山慧寂《えじゃく》（八〇七―八八三）とは別人であり伝未詳。

○あお向けとうつ伏せ

居士訪仰山禅師、問、久嚮仰山、到来為甚麼却覆。山竪起払子。士曰、恰是。山曰、是仰是覆。士乃打露柱曰、雖然無人、也要露柱証明。山擲弘子曰、若到諸方、一任挙似。

居士、仰山《ぎょうざん》禅師を訪い、問う、「久しく仰山を嚮《した》いしに、到り来たれば甚麼《なに》ゆえに却って覆《うつむ》くや。」山、払子を竪起《じゅき》す。士曰く、「恰も是《しか》り。」山曰く、「是れ仰《あおむ》くや、是れ覆くや。」士乃ち露柱《ろちゅう》を打って曰く、「人無しと雖然《いえど》も、也《ま》た露柱の証明せんことを要《もと》めん。」山、払子を擲《なげう》って曰く、「若し諸方に到らば、一《ひと》えに挙似《こじ》するに任《まか》す。」

居士が仰山禅師を訪れて、「あおぎ向いた山を、かねがねそれを見たいと思っていたが、さて実際に来てみると、あおぎ向いてはいなく、うつ伏せになっている。いったいどういうわけか」と問うた。

仰山は払子を立てた。つまりこれが私だと云わんばかりの呈示である。

居士はそれを見て「いかにも」と云った。

仰山は「あおぎ向けているのか、伏せているのか」。

すると居士は露柱を打って云った「あいにく人はおらないので、この露柱に証人になってもらおう」。

仰山は払子を放り出して云った。「居士さんよ、あなたが諸方の禅師に相見する時には、この話を好きなだけ話して聞かせるがよい」。露柱は法堂の中にある柱である。或いは法堂の前の立っている外の柱である。無情の物、知覚情識を完全に絶した真実を見

てとるものである。第三者つまり、諸方の禅師にその公正な判定を下してもらえば良い
と居士に強気で云った。

谷隠和尚との問答

谷隠《こくいん》和尚。伝不詳。谷隠は襄州の山の名。そこに一人住んでいた隠士。

○野狐禅退治

居士訪谷隠道者。隠問曰、誰。士竪起杖子。隠曰、莫是上上機麼。士拋下杖子。隠無語。士曰、只知上上機、不覚上上事。隠曰、作麼生是上上事。士拈起杖子。隠曰、不得草草。士曰、可憐強作主宰。隠曰、有一機人、不要拈槌竪払、亦不用対答言辞。居士若逢、如何則是。士曰、何処逢。隠把住。士乃曰、莫這便是否、驀面便唾。隠無語。士与一頌曰、焰水無魚下底鉤、覓魚無処笑君愁。可憐谷隠孜禅伯、被唾如今見亦羞。

居士、谷隠道者《こくいんどうじゃ》を訪う。隠問うて曰く、「誰ぞ。」士、杖子《つえ》を竪起す。隠曰く、「是れ上上の機なること莫《な》けんや。」士、杖子を拋下す。隠、無語。士曰く、「只だ上上の機を知るのみにして、上上の事を覚《さと》らず。」隠曰く、「作麼生《いかん》か是れ上上の事。」士、杖子を拈起す。隠曰く、「草草なることを得ざれ。」士曰く、「憐れむべし、強いて主宰を作《な》すこと。」隠曰く、「一機の人有り、槌《つち》を拈《と》り払《ほつ》を竪《た》つるを要せず、亦た対答言辞を用いず。居士若し逢わば、如何にすれば則ち是《よ》きや。」士曰く、「何処《いずく》に逢うや。」隠、把住す。士乃ち「這《こ》れ便ち是《そ》れなる莫けんや」と曰《い》って、驀面《まくめん》に便ち唾《つばき》す。隠、無語。士、一頌《じゅ》を与えて曰く、「焰水は魚無く底鉤を下《くだ》す、魚を覓《もと》むるに処無く君の愁うるを笑う。憐れむべし谷隠孜《し》禅伯、唾せられて如今《いま》は見《あ》うも亦た羞《は》ず。」

居士が谷隠道者を尋ねると、谷隠は「誰だ」と問うた。

居士は杖をおっ立てた。

谷隠は云った「それが上上の機なのか、それが越格至上の禅機でござるか」。居士は杖を放り出した。居士のあとを残さない俊敏な働きである。

谷隠は無言。

すると居士は「上上の機をご存知なだけで、上々の事はお心得《こころえ》がないですね」。観念的な知識としてのみの会得で事上練磨を経た体得ではない。頭でっかちな人だナ、体験がないよとの真向からの批判である。学問上の優秀な人は案外実際の働きは出来ない。

谷隠は「上々の事とは何のことだ」と問うたら、居士は杖を取り上げた。

谷隠は云った「お粗末なまねはやめろ！」。

居士が杖を取り上げたのを大ざっぱないい加減な呈示と見えた谷隠の言葉である。

それに対して居士は、その谷隠の力のないのに無理をして立役者になろうとするいじらしさを見ぬいて「どうしても主人公になろうとするその構え、気の毒なことよ。力不足だ」。

すると谷隠は「ここに一つの機を見えた人がおる。槌子《つち》を取り上げることも、払子を立てることも無用。受け答えも口上も不要。こんな人に居士さんが出会ったら、さてどう出ればよいかな」。「これは禅家一般の型にはまらない、独特の禅機を持ったもの。これこそこの私（谷隠）であるが、どう居士さん相手になさるか」と云うこの谷隠の、我見の強い、一枚悟りの世界に落ちた姿に、憐れさよりも馬鹿ばかしい気に居士はなった。

そこで居士は云った「そんなすばらしい働きを持った人に何処でお会い出来るか。お目にかかりたいですな」と。谷隠その人を無視したとぼけ方である。

すると谷隠は居士をしっかと把《とら》えた。

すると居士は「これがそうだというのか。あなたが組みついて来たものがあなたの云うすばらしい働きのある者か」と云うなり、谷隠の顔に目がけて真向から唾を吐きかけた。

谷隠は無言。

そこで居士は頌を一首くれてやった。

陽炎《かげろう》の水には魚はおらない

それにお前は釣針を下ろす。

どこにも魚はみつからないと
歎くお前は笑止の至り
おかわいそうな谷隠山の
いっぱしの禅客孜《し》どのは
唾まで今は吐きかけられて
こちらを見るのも羞かしい。

看経《かんきん》僧との問答

○お経を読む行儀

居士因在床上臥看経、有僧見曰、居士、看経須具威儀。士翹起一足。僧無語。

居士、床上に在《お》いて臥して看経《かんきん》せるに因り、僧有って見て曰く、「居士よ、看経には須らく威儀を具すべし。」士、一足を翹起《ぎょうき》す。僧、無語。

居士が寝台で横になってお経を読んでいたところ、それを見たある僧が「居士! お経を読むには威儀を正さねばなりませんぞ」と注意した。

すると居士は片足を跳ね上げた。僧は黙りこんだ。

読経《どきょう》の姿勢は僧の威儀の中でも坐禅の威儀と同様に正しく教えられている。この僧はこの型どおりの姿勢威儀が定着した立派な僧である。その僧に注意された居士がこともあろうに片足を跳ね上げたのだから、僧のプライド丸くずれである。私達も又現代この型定規の威儀で過している。

居士は自由自在の威儀を呈示して見せただけである。禅は全てのことに自由自在の心の働きがある。一つの定まった不自由さは不要である。

化縁《けえん》僧との問答

○お布施のもらい方

居士一日在洪州市売笊籬。見一僧化縁、乃将一文銭問曰、不辜負信施道理、還道得麼。道得即捨。僧無語。士曰、汝問我、与汝道。僧便問、不辜負信施道理作麼生。士曰、少人聴。又曰、会麼。僧曰、不会。士曰、是誰不会。

居士、一日、洪州《こうしゅう》の市《いち》に在《お》いて笊籬《ざる》を売る。一僧の化縁《けえん》するを見て、乃ち一文銭を将《も》って問うて曰く、「信施に辜負《こふ》せざる道理、還って道《い》い得るや。道い得ば即ち捨《しゃ》せん。」僧、無語。士曰く、「汝我れに問え、汝の与《ため》に道わん。」僧便ち問う、「信施に辜負せざる道理作麼生《いかん》。」士曰く、「人の聴くもの少《まれ》なり。」又た曰く、「会《え》すや。」

僧曰く、「会せず。」士曰く、「是れ誰《た》が会せざる。」

居士がある日洪州の市場でざるを売っていたところ、見れば一人僧が喜捨《きしゃ》を乞うている。そこで銅銭一文を手にして問いかけた。「布施の精神にそむかない道理をあなた云えますか。もし云えたらこれを差し上げます」。

須菩提《しゅぼだい》が維摩《ゆいま》居士に食を乞うた時に、居士から手ひどく諭《さと》された道理である。大鯱《だいいく》との問答でこれが中心問題となり、石林との問答では居士の方からこの問題を突きつけられて「口あれども道い得ず」と答えて、「そうでなくちゃ」と石林からほめられた。ここでは居士が僧に向って問いかけている。いささか維摩気取りのところがある。

僧は答えられず無言。そこで居士は「あなたから私に質問しなさい。そうすれば云ってあげるよ」。

そこで僧は問うた「布施の精神にそむかない道理とはどういうものでしょうか」と。

居士は「その道理を耳にする者はほとんどいない」と答え、さらにたたみかけて云った「おわかりかな」。

僧は答えた「わかりません」と。

居士は「いったい誰がわからないのじゃ。それがわからないあなたはそもそも誰じゃ」と僧の自覚をうながした。少なくとも「わからない」と云い得る者であなたはあるということを自覚すれば、そこに新たな目が開かれてくると示している。

牧童との対話

○路さえ知らない

居士一日見牧童、乃問、路従什麼処去。童曰、路也不識。士曰、這看牛児。童曰、這畜生。士曰、今日什麼時也。童曰、挿田時也。士大笑。

居士、一日、牧童を見て、乃ち問う、「路は什麼《いずれ》の処より去《ゆ》くや。」童曰く、「路も也《ま》た識《し》らず。」士曰く、「這《こ》の看牛児。」童曰く、「這の畜生《ちくさん》。」士曰く、「今日は什麼《なん》の時ぞ。」童曰く、「田を挿《す》く時なり。」士、大笑す。

ある日居士は牧童に出会うと「この路はどこへ通じるのかナ」と尋ねた。

牧童が云うのに「路さえ知らないのかね、いい年をした人がかんじんの道もご存知ないとは」という諷刺《ふうし》が見える。

居士は「この牛飼め！」と云うと、牧童も負けてはいない。

「道も知らないようでは人間以下である。この畜生」と云いはなった。

それを聞いた居士は軽く話題を変えて「いまなん時《とき》かな」と云うと、牧童は「放牧の仕事がすんで、これから畑へ行って畑を鋤《す》く時だよ」と答えた。ありのままの一日のスケジュール通りの返事である。

すなおな子供の返事には居士も大笑した。文句なしの居士の敗北であり、すなおな子供には老人もただ頭を下げるだけである。「いやいや参った！　参った」と叫んで大笑する居士のすなおさもすばらしい。

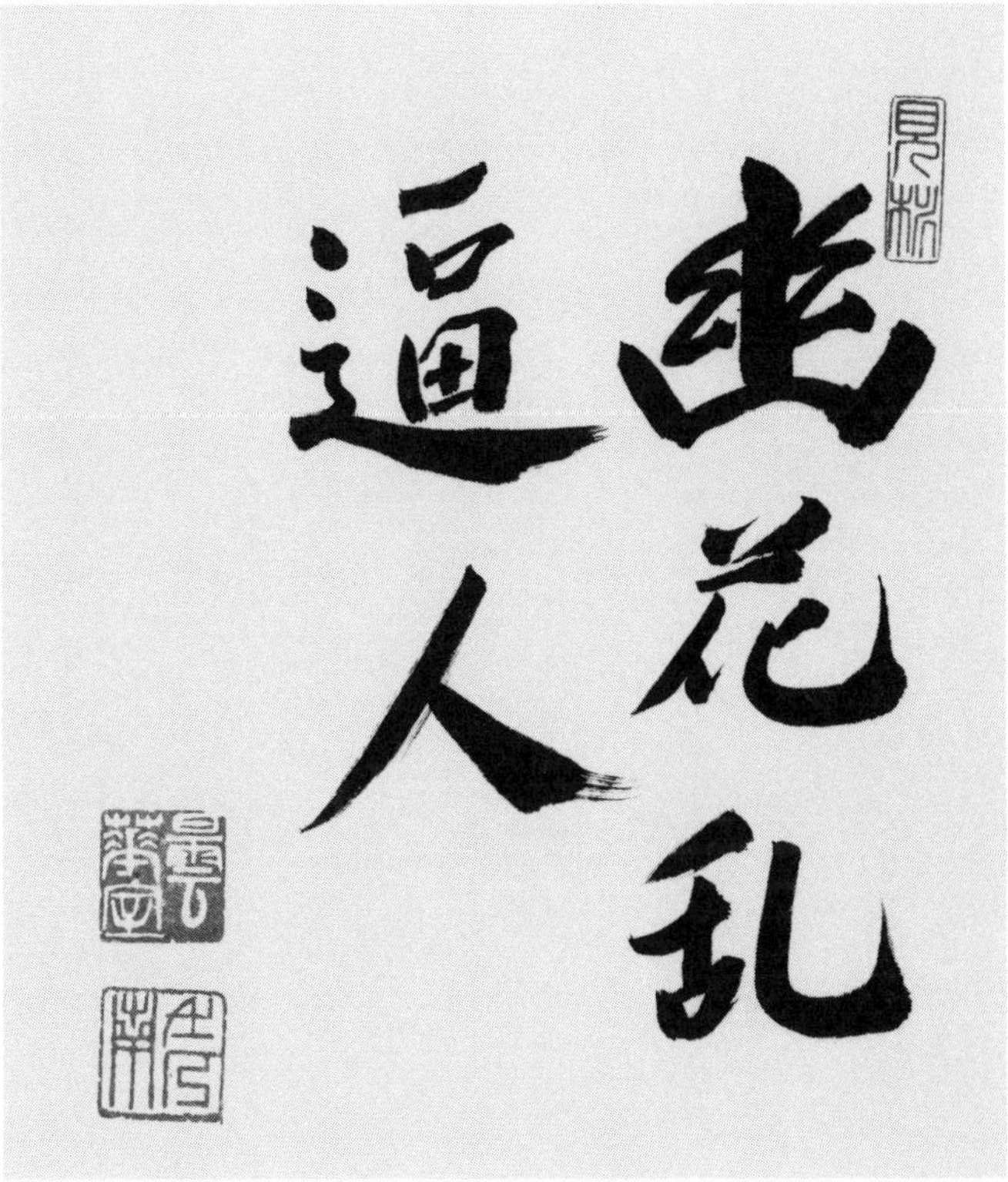

あとがき

諸行は無常なり　是れ生滅の法なり　生滅滅し了《おわ》って　寂滅をもって楽となす

お釈迦様の説かれた真理である。全てのものは移ろいゆく、縁あって生じたものは縁がくれば滅する。この生滅の連続がこの世の姿であり、私達は常にこの世の中で苦しみ楽しむのであり、この生滅を越えたところに永遠絶対の心の安らぎがあるとの教えである。誰でも知っていることである。

霊雲本庵の建造物もこの真理の示す如く開創五百年を令和八年（二〇二六年）迎えるに当り庫裡小書院の柱が三百年間保ち続けたところ此の内数本が折れて建物に危険を生じ改修をすることになりました。お蔭様で派中有縁の諸老大師、各山の老大師、山内派中諸老大和尚、各地域派中御寺院様及び有縁の御寺院様、檀信徒の皆々様の格別の御協力、御支援のもと更に工事関係者の皆様の御力でコロナ禍にもかかわらず足かけ三年間の工事を経て（八十パーセント完成）一応落慶法要を迎えることが出来ました。

厚く感謝申し上げます。

霊雲本庵庫裡小書院改修落慶

美哉輪奐暁光殷
佛眼難窺慶沢関
欲得撑門幷拄派
丈夫赤脚上刀山

令和癸卯五歳清秋

八十六叟太聳山人㊞

改修後の庫裡玄関

改修後の書院

昭和三十一年春先師山田無文老大師をお慕い申し上げてこの霊雲本庵の小僧の一人（当時、三人の兄弟子が居た）として入門以来約六十七年間霊雲本庵一筋に過して来ました。最後に庫裡小書院の一応の改修を目前にして霊雲本庵の建物はあと三百年は大丈夫だと安堵しております。

どうか今後共霊雲本庵に対しての御法愛御支援を何卒よろしくお願い致します。

扨《さて》仏縁とは不思議なもので庫裡小書院の柱が折れたのを機を同じくして現住である老衲の腰もくだけ、つまり圧迫骨折、脊椎間狭窄症《せきついかんきょうさくしょう》になり手術をすることとなり、幸いに名医の執刀のもと痛みはなくなったものの歩行がままならず皆様に御迷惑をおかけしておる現状です。

生涯表を見せ、裏をも見せて一日も休むことなく力強く支えてくれた岡島南圭本光寺住職に心から感謝しています。出版に当り春秋社社長様はじめ担当の各位には御世話になりました。

あと幾年、命をいただくことか不明ですが最後の言葉、遺偈をもって皆様とお別れを致します。長年の御法愛に心から感謝し、大変お世話になりました。皆様長生きして下さい。

有難うございました。

遺偈

法身清浄　牛歩龍先

自由自在　大宇宙圓

百叟

霊雲太聳山人

令和五年清秋　霊雲本庵にて　秀南記す

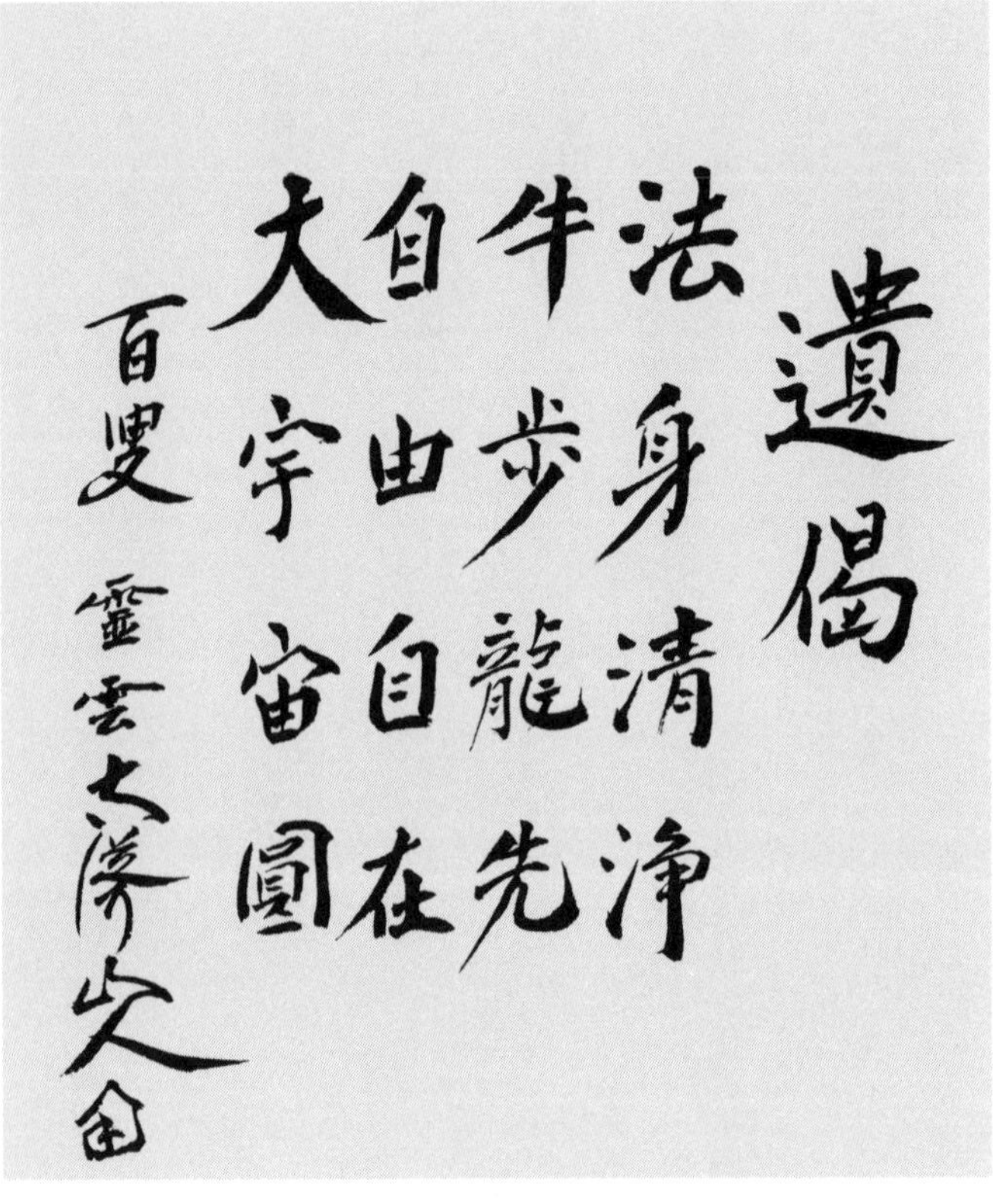
遺偈
法身清浄
牛歩龍先
自由自在
大宇宙圓
百叟

則竹秀南（のりたけ　しゅうなん）
1937年（昭和12年）、台南市に生まれる
1960年（昭和35年）、花園大学卒業
神戸祥福僧堂掛錫
山田無文老師の指導を受ける
1985年（昭和60年）、京都妙心寺山内霊雲院住職（現任）
2016年（平成28年）、アメリカ・ロサンゼルス 臨済宗兼務住職（現在退任）
2017年（平成29年）、沖縄・石垣市 達磨寺兼務住職（現在退任）

奇人問答――『龐《ほう》居《こ》士《じ》語録』を読む
二〇二三年十月九日　第一刷発行
著　者　則竹秀南
発行者　小林公二
発行所　株式会社　春秋社
東京都千代田区外神田二―一八―六（〒一〇一―〇〇二一）
電話〇三―三二五五―九六一一　振替〇〇一八〇―六―二四八六一
https://www.shunjusha.co.jp/
印刷所　信毎書籍印刷株式会社
製本所　ナショナル製本協同組合
装　丁　美柑和俊
定価はカバー等に表示してあります

ISBN978-4-393-14021-5